阅读成就梦想……

Read to Achieve

激荡新三板

高回报新三板投资全流程实战解析

王鹏飞 黄页 ◎ 编著

中国人民大学出版社
·北京·

图书在版编目（CIP）数据

激荡新三板：高回报新三板投资全流程实战解析 / 王鹏飞，黄页编著.
—北京：中国人民大学出版社，2016.8
ISBN 978-7-300-23137-2

Ⅰ.①激… Ⅱ.①王…②黄… Ⅲ.①中小企业—企业融资—研究—中国 Ⅳ.① F279.243

中国版本图书馆 CIP 数据核字 (2016) 第 163717 号

激荡新三板：高回报新三板投资全流程实战解析
王鹏飞　黄　页　编著
Jidang Xinsanban: Gaohuibao Xinsanban Touzi Quanliucheng Shizhan Jiexi

出版发行	中国人民大学出版社		
社　　址	北京中关村大街 31 号	邮政编码	100080
电　　话	010-62511242（总编室）	010-62511770（质管部）	
	010-82501766（邮购部）	010-62514148（门市部）	
	010-62515195（发行公司）	010-62515275（盗版举报）	
网　　址	http://www.crup.com.cn		
	http://www.ttrnet.com（人大教研网）		
经　　销	新华书店		
印　　刷	北京中印联印务有限公司		
规　　格	170mm×230mm　16 开本	版　次	2016 年 8 月第 1 版
印　　张	14.5　插页 1	印　次	2016 年 11 月第 2 次印刷
字　　数	232 000	定　价	45.00 元

版权所有　　　侵权必究　　　印装差错　　　负责调换

| 推荐序 |

新三板就是一次我国中小民营企业对接资本市场的大浪潮。

从资本市场的角度来看，我国的A股市场发展了20多年，只有2 800家企业挂牌，相对于我国1 500万家中小民营企业来说，挂牌企业数量微乎其微。可以说，目前的A股市场尚未承担起提高企业直接融资比例、降低企业杠杆率的作用。

那么对于中小企业来讲，加速去杠杆化和加速企业直接融资比例的最佳解决方案便是新三板。新三板一开始就是注册制，企业融资不用审批，而且挂牌就没有财务门槛。我国通过重新构建一个新的三板市场，全部采用新的机制，进行增量资本市场的改革，最终使资本市场趋于完善和合理。

因为新三板植根于、服务于中国最广大的、最有活力的中小民营企业，因此它迸发出无限生机和活力。新三板自2013年底推向全国后，不到3年的时间，挂牌家数就接近8 000家，俨然已成为继深交所、上交所之后中国第三大全国性股份转让系统，并且还在以惊人的速度增长着，迸发出前所未有的活力。

人们对新三板的认识在不断地加强，从刚开始的怀疑，到了解、认可，再到追捧。新三板本身也在不断地完善着、调整着，从最初只有协议转让制度，到后来增加了做市转让制度，再到后来的意向成交转让制度出台。

美国的纳斯达克自1971年推出，仅用了近20年时间就超过了有着200年历史的纽交所和全美交易所，倒逼着这两家历史悠久的交易所向纳斯达克学习，最终这三家交易所的交易规则得以完全统一。

当然，如同众多的市场一样，新三板也是一个市场。既然是市场就必须有竞争，既然是市场就必然遵守二八法则，即市场中只有 20% 的企业交易是活跃的，只有 20% 的企业是有投资价值的，只有 20% 的企业是能融到资金的。

那么，作为参与企业的每一个个体，就没有理由不去了解新三板，了解这个千年历史的伟大国度中将会酝酿着的神奇市场。我们这个时代就是一个全面资本化的时代，所有人、所有企业都将不可避免地接触资本市场，在资本市场层面真刀真枪地展开竞争。

值得读者关注的是，《激荡新三板：高回报新三板投资全流程实战解析》的出版恰在新三板分层制推出后。分层制推出的目的在于为后续的公募入场、允许非券商机构参与做市、降低投资者准入门槛、引入竞价交易甚至转板等一系列利好打基础，本书的内容同样涵盖了有关分层制的解读，尤其在新三板的投资方向上，着重对节能环保、智能制造、生物医药、教育、新能源汽车、新材料、TMT 及游戏八个行业板块进行了剖析。

《激荡新三板：高回报新三板投资全流程实战解析》最值得啃哥推荐的是全书流程化的特点。

本书第一章先从新三板的基本规则入手，介绍"资本市场的游戏规则"，深入浅出，让读者对于基础知识有了深入理解。

第二章、第三章及第四章从"新三板是否值得投资""如何参与新三板投资""如何选择适合的新三板投资对象"这三个角度入手，分析有关新三板投资的点点滴滴。作为新三板投资的参与者，啃哥也是有发言权的。新三板的投资非常特殊，可谓高风险、高收益，是一个真正比拼眼光的市场。通过本书这三章的分析，读者能够充分理解新三板投资的来龙去脉，从而做到有的放矢。

第五章谈到"新三板并购和重组中的机会"，啃哥深以为然。正是新三板政策的独创性，才能带来中国并购重组最大的机会。

第六章和第七章分别分析了"新兴产业的新三板投资"和"传统产业的新三板投资"，根据不同视野分析了两类截然不同的产业的投资逻辑和方式。

第八章讲解新三板退出。因为任何投资都是为了退出的，新三板投资也是如此，作者详细论述了几种常见的可行的退出方式。

在第九章，作者讲述了新三板的十大案例，形象、生动、发人深思。一个有长创新的市场才会孕育巨大的机会。这十大创新的案例充分说明了新三板的魅力所在。

推荐序

读者在阅读了本书后,对于新三板的基础知识、投资逻辑、行业分析、实战操作等都能有个清晰的认识。对于准备或在从事新三板投资的读者,以及从事新三板相关产业的人员来说,《激荡新三板:高回报新三板投资全流程实战解析》是一本难得的新三板投资经验总结。

建议朋友们有时间多多翻看此书,一定会有所得。因为,新三板就是中国资本市场的未来!

啃哥张驰

前言

我国新三板资本市场的黄金时代即将到来，相比往年，新三板在融资金额方面要好很多。2015年融资已经超过了人民币1 000亿元，同时新三板还有很大的潜力。未来，随着分层制度的推出、个人投资者门槛的降低和引入竞价交易，新三板融资功能的潜力也将进一步凸显。

"久其软件"是一个在新三板圈子里耳熟能详的名字，也是从新三板走出的第一个造富神话。北京久其软件有限公司曾经是中国管理软件市场行业占有率排名第一的公司，同时是继粤传媒之后第二家从三板转主板上市的公司，也是第一家从新三板（中关村科技园区非上市股份有限公司股份报价转让系统）转主板上市的企业。2006年9月7日，北京久其软件有限公司正式在新三板挂牌交易，2009年8月11日其正式登陆中小板，发行价格为27元/股，实际募资人民币4.13亿元。在上市之前的新三板市场，久其软件的成交价最高只有15元/股，而在2015年大牛市行情最好的时候，价格已经达到105元/股。IPO时造就的千名百万富翁如幸运地在2015年套现，无疑已经是千万富翁了。

久其软件的IPO之路一波三折，在2009年的成功IPO之前，2007年7月31日第一次递交IPO申请，因"没有募集资金的紧迫性"而被否决；2008年7月30日第二次IPO申请并成功通过证监会审核，但始终未能与批文谋面。并且从某种意义上来说，久其软件只能算"升板"而非真正的"转板"。目前真正意义上的转板制度尚未成形，但已有越来越多的新三板挂牌公司登陆主板市场。转战主板市场的路径大致包括"摘牌+常规IPO"、借壳上市、被上市公司并购三种方式，久其软件选择的就是第一种方式。

随着主板注册制和战略新兴板的推迟，公众又一次把热情聚焦在了新三板上。

激荡新三板：高回报新三板投资全流程实战解析

"到底新三板是什么""值得投资吗""如何从新三板中获得高回报"这几个是普通投资者一提起新三板都会问的问题。本书将帮助那些想要对新三板进行股权投资以获得回报的广大读者，解开他们心中的疑惑，令他们敢于投资新三板，并具备基础的投资筛选能力，以在新三板投资活动中作出能够获得高回报的投资决策。

本书通过对新三板所处整体形势进行把握和梳理、详列各专业机构多视角的投资判断方法以及对新三板行业和代表公司的深度剖析和透视，让读者能够在阅读完本书后，具备识别风险的基本能力，亲手揭开新三板的神秘面纱，一睹真容，进而让自己的资本或时间投入获得丰厚回报。这是我们编写本书的初衷，也是贯穿全书的主旨。

我们研究了市面上的各类新三板专业图书，并认真思考了如何从不同的角度向读者呈现我们想要表达的内容，这样既避免了资源浪费，也是对其他作者的劳动表示尊重。为实现这一目的，本书分9章全面解读新三板股权投资高回报的实战全流程。对资本市场的正确理解（第1章）是基础部分；在这个初步认识之上，将展开对新三板市场的介绍和未来趋势分析（第2章）；接下来教给读者需要何种条件、通过何种途径来投资新三板，以及什么是最好的投资新三板的方式（第3章）；并辅以对新三板投资对象的选择方法（第4章）；加上新三板并购重组中的机会把握（第5章）；按照热点行业筛选投资机会（第6、7章）；之后是如何完美地完成资本退出（第8章）；最后是经典的成功新三板资本运作案例分析（第9章）。

无论如何，新三板在融资方面的威力已经不可忽视，从"九鼎"到"海航"，这些在新三板挂牌的公司借助融资撬动了更广大的资本。目前，新三板挂牌企业已近8000家，总市值超过人民币2.3万亿。如何通过新三板进行资本的扩张，也成为人们越来越关心的问题。在以下展开的篇幅里，本书通过讲解完整的投资流程、方法、模式和翔实的案例分析，希望读者在看完这本书后，能够增强对新三板投资的信心。可以说，这是一本投资新三板必读指南。

最后，还要感谢在本书的编著过程中提供过帮助的企业、机构、组织和个人。感谢"激荡新三板俱乐部"的成员们的积极响应，本书的完成和你们的支持密不可分。感谢广证恒生总经理袁季等在本书成书过程中提出的宝贵修改建议以及提供的资料。

任何一个时代，都是最好的时代，总会有人脱颖而出；任何一个有前途的投资机会，都会演变成泡沫，重要的是泡沫退却后剩下的东西；任何一个对自己负责任的人，都会选择做经得起考验的投资，无论是金钱还是生活。如果读者从本书中有所收获，有能力独立思考和分析投资机会，能够做出新三板的价值投资判断，我们就离目标更近了一步。时如驹逝，择时在乎识几，识几而待，择机而动，其惟智者乎？

致 谢

在成书过程中,很多新三板挂牌企业给予了我们支持。他们提供的信息、数据和建议筑成了本书的一部分特色,所以在此对以下企业表示诚挚谢意,希望在今后的路上,互助携手,向着新三板美好明天一起走下去!

以下企业名单按书中出现的先后顺序进行排列。

星火环境(430405)	恒神股份(832397)	九鼎集团(430719)	华韩整形(430335)
金达莱(830777)	凯立德(430618)	湘财证券(430399)	可恩口腔(830938)
深科达(831314)	兆信股份(430073)	中投保(834777)	女娲珠宝(832612)
沃迪装备(830843)	中钢网(831727)	三信股份(831579)	了望股份(430199)
百傲科技(430353)	哇棒传媒(430346)	摩登百货(430689)	英雄互娱(430127)
原子高科(430005)	企源科技(833132)	明利股份(831963)	致生联发(830819)
北教传媒(831299)	微传播(430193)	宏图物流(831733)	仙果广告(834136)
华图教育(830858)	网虫股份(830767)	巨正源(831200)	快拍物联(835101)
分豆教育(831850)	全景网络(834877)	峻岭能源(831417)	瓦力科技(832638)
科列技术(832432)	中科汇联(835529)	仟亿达(831999)	乔佩斯(835965)
长城华冠(833581)	心动网络(833897)	基康仪器(830879)	汇元科技(832028)
久日新材(430141)	小奥互动(836031)	苏轴股份(430418)	金刚游戏(430092)

| 目 录 |

第1章　资本市场和游戏规则
　　资本市场是如何运转的 // 3
　　两种元素和两类市场 // 10
　　资本的接力和归宿 // 14
　　上市不是唯一的退出方式 // 19

第2章　新三板是否值得投资
　　新三板的发展历程和未来 // 23
　　新三板与中小板和创业板对比 // 31
　　新三板主体企业特点 // 36
　　新三板投资是立足长远的早期资本行为 // 40

第3章　如何参与新三板投资
　　投资前的考量 // 45
　　投资新三板应具备的条件 // 48
　　个人投资新三板的渠道和方式 // 49
　　不同机构角色的新三板投资模式 // 53

第4章 如何选择适合的新三板投资对象

投资主体的角色定位 // 61

投资决策的基本原则和流程 // 66

投资主体的权益 // 70

投资分析的三大要素 // 72

第5章 新三板并购重组中的机会

新三板并购重组的现状和特点 // 81

新三板并购重组的方式和趋势 // 84

挂牌之前的并购重组和交易模式 // 87

反向收购，借壳上市 // 92

第6章 新兴产业的新三板投资

宏观形势下的新兴产业前瞻 // 101

新三板主要新兴产业概览 // 103

新兴行业的新三板企业精选 // 110

第7章 传统产业的新三板投资

传统产业趋势 // 139

新三板传统产业概览 // 143

传统行业的新三板企业精选 // 149

第8章 资本的退出

三条退路 // 167

提高新三板流动性 // 169

资产证券化 // 171

上市路径与门槛 // 174

第9章　新三板各具特色企业选析

英雄互娱（430127）：市值超200亿元的移动电竞手游王者 // 187

致生联发（830819）：锐不可当的物联网标杆企业 // 191

仙果广告（834136）：国内手游精准广告投放平台的领导者 // 195

快拍物联（835101）：与投资者一起打造为诚信企业服务的物联网营销第一股 // 199

瓦力科技（832638）：传统制造业基地诞生的互联网创新企业 // 203

乔佩斯（835965）：风雨三十年初心不改，服装企业拥抱新三板 // 206

汇元科技（832028）："支付第一股"生态圈的布局 // 209

金刚游戏（430092）：深度布局令利润暴涨，多IP促进影游繁荣 // 213

后记 // 217

第 1 章

资本市场和游戏规则

第1章
资本市场和游戏规则

资本市场是人类社会客观存在的诸多市场形态之一，它为实体经济起到供血的作用，是实体经济健康良好发展不可或缺的重要推动力。与一切市场的普遍构成相似，资本市场的基础人群是寻求资本和提供资本的两类人，在他们之间，填充了大量以中介形式存在的组织和个人。然而，资本市场与其他市场显著不同的是，资本市场拥有极其复杂的工具，林林总总令人眼花缭乱，很难看清本质，尤其是被专业知识壁垒拒之门外的普通大众。

本章将帮助读者精准地把握资本市场的脉络，认清这个市场的游戏规则，进而对自身在市场中的位置作出一个理性判断。

资本市场是如何运转的

资本市场与证券市场

如用一言概之，资本市场就是资产和资本进行交易的市场。资本市场最重要的目的是为实体经济服务，离开了实体经济，资本市场就成了无本之木，不具有真正的生产力，无法创造可持续的价值，活力也会逐渐衰竭。

按照经典的分类方式，我们通常根据交易对象性质把市场分为商品服务市场与金融市场，而根据金融市场交易对象的期限又把金融市场分为资本市场与货币市场（如图1—1所示）。

资本市场在这个经典分类系统中亦称"长期资金市场"，主要是指证券融资和经营一年以上中长期资金信贷的金融市场，包括证券市场（股票市场、债券市场、基金市场）和中长期信贷市场等，其融通的资金主要作为扩大再生产的资本使用，因此称为资本市场。

与资本市场相对的是货币市场，两者的划分标准是其各自市场中的金融产品的流动性，包含流动性强的金融产品的市场为货币市场，如货币市场基金、隔夜拆借市场等；而流动性较弱的金融产品所在的市场为资本市场，如股市、债券和期限较长的基金市场等。

作为资本市场重要组成部分的证券市场，具有通过发行股票和债券吸收中长期资金的巨大功能，公开发行的股票和债券还在二级市场上自由买卖和流通，有着很强的灵活性。两者所包含的金融市场种类确实是有重合的，但从涵义而言，这两者并没有很强的可比性，因为两者并不是按同一标准划分出来的。

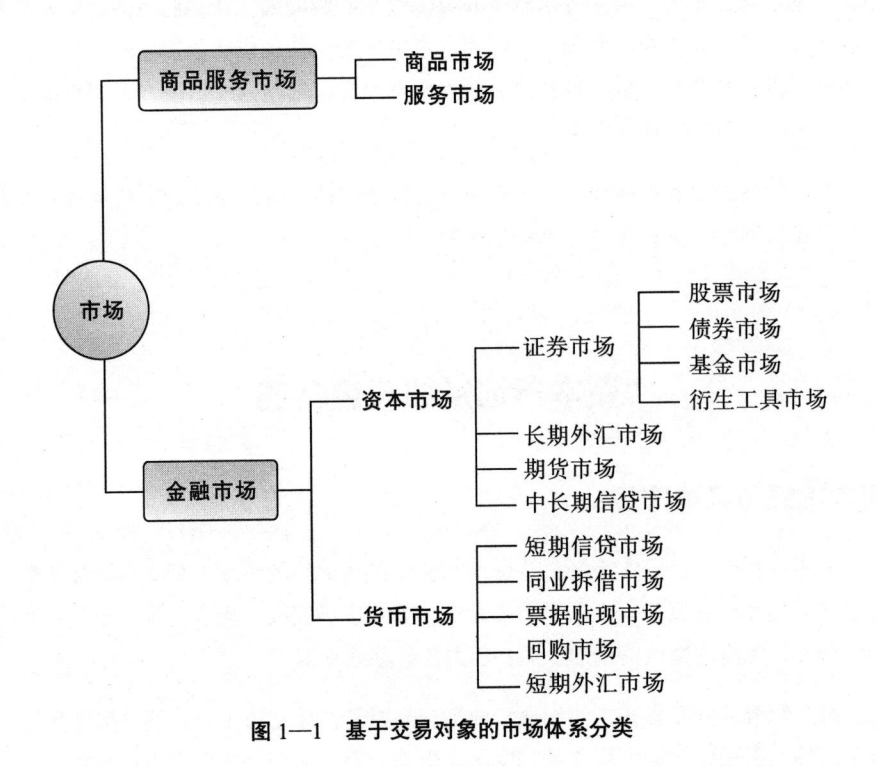

```
市场 ┬─ 商品服务市场 ┬─ 商品市场
     │              └─ 服务市场
     │
     └─ 金融市场 ┬─ 资本市场 ┬─ 证券市场 ┬─ 股票市场
                │            │          ├─ 债券市场
                │            │          ├─ 基金市场
                │            │          └─ 衍生工具市场
                │            ├─ 长期外汇市场
                │            ├─ 期货市场
                │            └─ 中长期信贷市场
                │
                └─ 货币市场 ┬─ 短期信贷市场
                            ├─ 同业拆借市场
                            ├─ 票据贴现市场
                            ├─ 回购市场
                            └─ 短期外汇市场
```

图 1—1　基于交易对象的市场体系分类

证券市场是资产标的物以证券形式存在的市场的统称，无论是资本市场还是货币市场中的金融产品，只要是以证券形式存在的产品，都可以说属于证券市场。但资本市场或货币市场中的金融产品并不一定全是以证券形式存在的，如中长期信贷（包括各种中长期存贷款）存在于银行系统，并不属于证券市场和证券系统，但从其资产流动性来讲，其流动性较弱，因此属于资本市场产品。又比如活期存款，其流动性很高，故属于货币市场工具，但并不属于证券市场。

证券市场是股票、债券、投资基金等有价证券发行和交易的场所，是资本市场的主要部分和典型形态。而中长期信贷市场属于银行业务，由于没有一个公开集中的中长期信贷交易场所，中长期信贷业务主要发生在银行，而人们对银行的认识主要是借贷，而不会区分长期或短期，所以人们通常会以证券市场代表资本市场。而且资本市场名称比证券市场名称更响亮，鉴于此，本书将证券市场与资本市场等同。

简言之，资本市场中的金融产品可能属于证券市场，也可能不属于证券市场；货币市场中的金融产品可能属于证券市场（如短期融资融券、超短期融资融券），也可能不属于证券市场；证券市场中的金融产品可能属于资本市场，也可能属于货币市场。

由于股票市场大家较为熟知，提起资本市场时通常会涉及股票市场，久而久之在人们印象中资本市场渐趋等同股票市场。股票属于有价证券，是股份有限公司签发的证明股东所持股份的凭证。由于股票是为筹集发展长期资金而发行的，通常没有到期日，筹集的资金是永久性资金不用偿还，所以股票属于资本。股票市场是指股票交易的场所，所以资本市场包括股票市场。企业首次公开发行股票（IPO）成为上市公司即是登陆了资本市场。

多层次资本市场

按照挂牌数量从少到多排列，我国多层次资本市场体系的构成大体上可分为场外交易市场（三板市场）、创业板市场（Growth Enterprises Market，GEM）和主板市场三部分。场外交易市场包括各地成立的区域性产权交易市场以及代办股份转让系统。

我国创业板市场是 2004 年 6 月 24 日推出的，隶属于深交所，成立的目的是为了支持高新技术企业融资，为提高我国高新技术企业的发展水平提供资金，支持我国自主创新能力的提高，为转变经济发展方式服务，但是它大体采纳了与主板一致的制度，上市门槛偏高。我国主板市场由 1990 年 12 月成立的上海证券交易所和 1991 年 6 月成立的深圳证券交易所组成，形成于我国独特的两地交易所形式。沪深交易所在很多方面几乎一致，但深交所还专设为中小企业融资服务的中小板。2016 年以来，随着 IPO 审批速度加快，预计 2016 年底将有超过 3 000 家上市公司在沪深交易所挂牌交易。

三板市场具有较为复杂的发展沿革，一直以来并没有完全发挥其巨大潜力和作用。从 2015 年至今，大规模扩容的新三板与以往三板有所不同，是我国多层次资本市场的重要组成部分，被寄予很高期望。2016年5月份实施的新三板分层制度，将新三板分为创新层、培育层和基础层，逐步解决新三板流动性不够高的问题，在未来的若干年中，新三板将不断发展壮大，起到其应有的在资本市场中的基础作用。

目前我国资本市场的层次、规模和数量等方面综合起来与美国资本市场相比是倒金字塔和正金字塔的区别和联系（如图1—2所示）。美国的资本市场是在市场经济中由下而上自发形成的体系，中国的资本市场是在改革开放以后借鉴西方经验，从顶层向下发展的，所以体现出来是一个倒金字塔形式，在这样的结构中，金字塔中下部的层次很难实现向上部进行成规模的优质企业输送。今后资本市场的完善和健全还有很长的路要走。

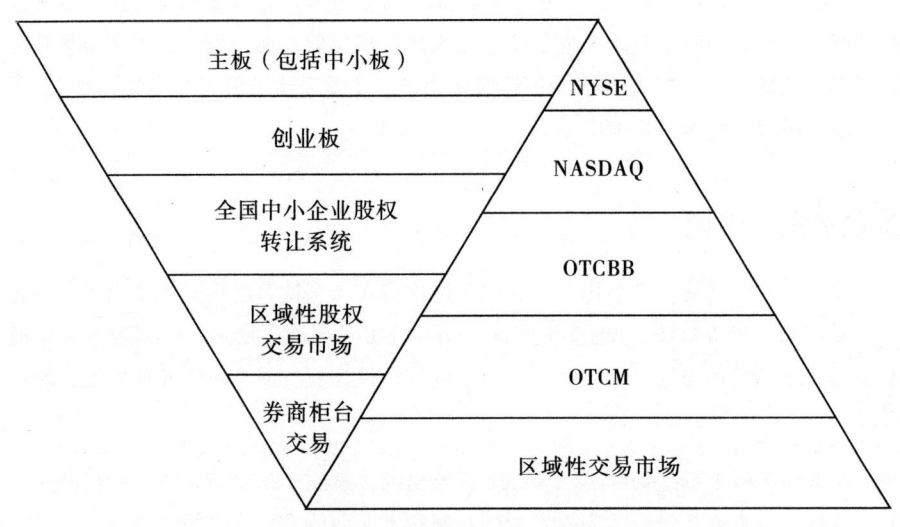

图1—2　中国和美国的多层次资本市场的股票交易平台架构

主板市场

主板市场（含中小板市场）也称为一板市场，指传统意义上的证券市场（通常指股票市场），是一个国家或地区证券发行、上市及交易的主要场所。主板市场对发行人的营业期限、股本大小、盈利水平、最低市值等方面的要求标准较高，上市企业多为大型成熟企业，具有较大的资本规模以及稳定的盈利能力，故有"宏观经济晴雨表"之称。上海证券交易所和深圳证券交易所均设立主板市场。截至2016

年 5 月底，主板上市公司数已达 2 400 余家，其中上交所 1 100 余家，深交所近 1 300 家（包括中小板 780 余家）。

2004 年 5 月，经国务院批准，中国证监会批复同意深圳证券交易所在主板市场内设立中小企业板块。从资本市场架构上也从属于一板市场。中小企业板总体设计可以概括为"两个不变"和"四个独立"。两个不变即法律规则、发行上市标准与主板不变；四个独立即运行独立、监察独立、代码独立、指数独立。正因为中小板上市标准与主板相同，所以中小板仍然属于主板，只是由于市场定位不同以及"四个独立"才单独命名。

中小企业板是促进我国中小企业发展的系统工程和重要组成部分，也是分步推进创业板市场的重要举措。中小企业板主要服务于处于成熟期且盈利比较稳定的企业，更多的是"红海"企业。中小企业板上市公司中制造业占比达 75%，如果说主板是我国国民经济的晴雨表，中小企业板则是中国制造的晴雨表。

创业板市场

创业板市场又称为二板市场，地位次于主板市场，于 2009 年 10 月由深交所推出。创业板是为具有创新精神的企业家服务的板块，主要服务于处于成长期且具有一定盈利能力的企业，看重企业的自主创新能力及高成长性，包括高成长、高科技与新经济、新服务、新农村、新能源、新材料、新商业模式等"两高六新"企业。上创业板的更多的是"蓝海"企业，体现的是我国技术创新和商业模式创新的最新成果。目前创业板重点支持九大鼓励类行业上市，包括新能源、新材料、信息、生物与新医药、节能环保、航空航天、海洋、先进制造、高技术服务以及文化产业。截至 2016 年 5 月，创业板上市公司家数达 500 家左右。

申请在创业板上市对发行人的盈利能力、股本规模、资产规模等方面的要求低于中小企业板。推出创业板市场的重要意义在于全社会营造一种创业的氛围，激发创富精神，复制创新模式，推动中国创造，激励创业家成长。

在创业板市场上市的公司大多从事高科技业务，具有较高的成长性，但往往成立时间较短、规模较小，业绩也不突出，但有很大的成长空间。可以说，创业板是一个门槛低、风险大、监管严格的股票市场，也是一个孵化科技型、成长型企业的摇篮。

2012 年 4 月 20 日，深交所正式发布《深圳证券交易所创业板股票上市规则》，并于 5 月 1 日起正式实施，将创业板退市制度方案内容落实到上市规则之中。

截至 2015 年 12 月 31 日，创业板总市值达到人民币 55 916.25 亿元，较上一年增长 34 065.3 亿元，同比增长 155.9%。

全国中小企业股份转让系统

全国中小企业股份转让系统又称为新三板，是与主板、中小板、创业板相对应的概念，是资本市场上一个细分市场板块。新三板挂牌公司全部在全国中小企业股份转让系统（National Equities Exchange and Quotations，NEEQ）挂牌公开转让，所以通常也将新三板等同于全国中小企业股份转让系统。全国中小企业股份转让系统由全国中小企业股份转让系统有限责任公司（简称"股转系统"或"股转公司"）负责运营管理。

全国中小企业股份转让系统有限责任公司是经国务院批准设立的全国性证券交易场所。2012 年 9 月 20 日，股转公司在国家工商总局注册成立，注册资本 30 亿元。上海证券交易所、深圳证券交易所、中国证券登记结算有限责任公司、上海期货交易所、中国金融期货交易所、郑州商品交易所、大连商品交易所为公司股东单位。三板市场是上市资源的孵化器和蓄水池。

2006 年 1 月，中关村园区率先在该系统试点，截至 2016 年 5 月 9 日，该系统共有 7 064 家挂牌企业。关于新三板详细介绍详见本书后续章节的内容。

区域性股权交易市场

区域性股权交易市场（下称"区域股权市场"）即是四板市场。区域股权市场是为特定区域内的企业提供股权、债券的转让和融资服务的私募市场，一般以省级为单位，由省级人民政府监管，是我国多层次资本市场的重要组成部分，亦是中国多层次资本市场建设中必不可少的部分。对于促进企业特别是中小微企业股权交易和融资，鼓励科技创新和激活民间资本，加强对实体经济薄弱环节的支持，具有积极作用。

2015 年 11 月，证监会印发的《关于进一步推进全国中小企业股份转让系统发展的若干意见》已明确提出，控股股东为证券公司、具备相应业务能力和风险管理水平的区域性股权市场运营管理机构，可以开展新三板的推荐业务试点，推荐挂牌公司的持续督导和做市服务等工作由控股股东承担。区域性股权市场参与推荐企业挂牌新三板的政策有望在 2016 年明确细则。

区域性股权市场作为多层次资本市场的重要基础，能够推动企业改制、升级，促进企业规范发展，利用信息披露等手段促进企业信用信息体系的完善。目前全国已建成并初具规模的区域股权市场有：深圳前海股权交易中心、青海股权交易中心、天津股权交易所、齐鲁股权托管交易中心、上海股权托管交易中心、武汉股权托管交易中心、重庆股份转让系统、广州股权交易中心、浙江股权交易中心、江苏股权交易中心、大连股权托管交易中心、海峡股权托管交易中心等十几家股权交易市场。

券商柜台交易

证券公司柜台交易是指证券公司与特定交易对手方在集中交易场所之外进行的交易或为投资者在集中交易场所之外进行交易提供服务的行为。柜台交易业务是在证券公司柜台市场开展的。证券公司柜台交易市场明确定位于私募市场，是证券公司发行、转让、交易私募产品的平台。柜台交易客户以机构客户为主，各证券公司制定了相应的柜台交易适当性管理制度，根据不同产品制定了不同的投资者准入标准，并通过建立客户分类和产品风险评级制度，实现不同风险偏好的客户和不同风险级别的产品之间的匹配。

2012 年 12 月 21 日，中证协公布首批参与试点的券商，有海通证券、国泰君安、国信证券、申银万国、中信建投、广发证券、兴业证券共七家。2013 年 2 月 5 日，中国证券业协会公布了第二批通过证券公司柜台交易业务实施方案专业评价的八家券商名单，这八家券商为招商证券、中信证券、银河证券、中金公司、山西证券、中银国际、长江证券和齐鲁证券（现为中泰证券）。

柜台交易业务以协议交易为主，同时尝试开展报价交易或做市商交易机制。柜台交易产品定位为私募产品，柜台交易市场建设初期配合资产管理业务创新，以销售和转让证券公司理财产品、代销金融产品为主。交易产品种类遵循先易后难的原则，且多为券商自己创设、开发、管理的金融产品。证券公司在开展业务试点期间，将高度重视合规管理和风险控制。各公司均把柜台交易业务纳入公司整体风险控制体系，针对柜台交易市场特有的风险进行识别和评估，从制度、组织、技术等方面建立相应的防范和控制措施，按柜台交易市场前、中、后台分离制衡原则，建立了相对集中的动态管理体系。

两种元素和两类市场

资本市场的元素

资本市场由无形的元素和有形的元素构成。无形的元素是公允的交易规则，而有形的元素是寻求资本的人、提供资本的人及二者之间的众多中介组织及个人。

这其中有着数量相当庞大的投机者，由于划分标准不一致，所以投机者不能与以上并列，无论寻求资本的人、提供资本的人或中介，都可能是投机者。有暴利必有投机，有投机才会有高度竞争，有竞争市场才会交易活跃。当然，投机者对于资本市场的意义，并不止于此，在这个游戏规则中，投机者是标的最终承接者。如果缺少投机者，现有思想体系和框架下的资本市场恐怕很难稳定运转。

以上的元素和基本人群缺一不可，没有他们，就没有当今的资本市场。

在资本市场中，"商品"的形态体现为一种标准等价证券。既然是商品，就会有市场。在资本市场中，买方和卖方就作为权益凭证的标准等价证券进行买卖的批发零售市场（如图1—3所示）。

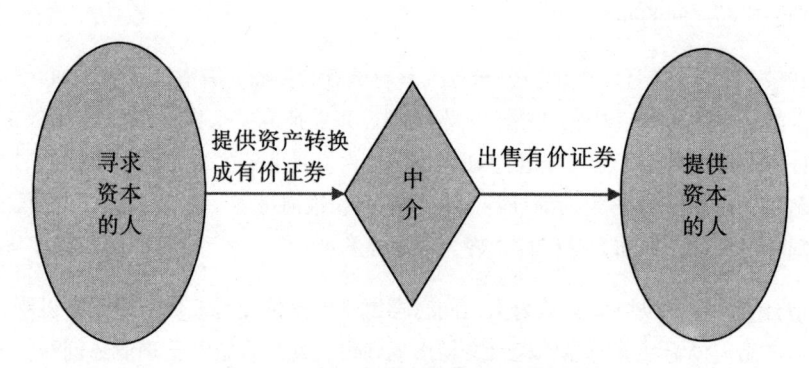

图1—3 资本市场三种基础群体的关系

一切商品最终都由消费者埋单。资本市场也是一样，否则为什么几乎一切投资人都要把自己投资的公司弄到二级市场中去。既然所有的投资资金最终都来自老百姓的储蓄，那么资本市场所要解决的首要问题就是如何把钱从千家万户汇集到一起。这个功能是由中介机构中的众多证券零售机构履行的，如银行储蓄所、保险经纪人、股票经纪人、债券经纪人、投资理财公司等，他们用代表权益的存款单据、保险单据、股票债券及各类有价证券交换居民手中的货币。证券零售商通过销售权益凭证的有价证券，获得老百姓的储蓄资金。

储蓄资金通过证券零售商们的汇集，然后被注入许多个十分巨大的资金池。而掌握这些资金池的分流的是大型投资基金、信托银行、投资银行（证券公司）、保险公司之类的机构投资者。这些大型中介机构就像是资本市场的批发商，他们一方面把有价证券批发给上述证券零售机构，另一方面则把从零售商手里换来的资金转包发给另一种中介机构。

这种中介机构有大型的银行和信贷公司，也有相对小一些的，如咨询顾问公司、小型信贷公司、基金管理公司以及小型投资银行、投资公司等。他们的角色就是用拿到的资金包去注入融资项目，换回作为权益凭证的有价证券。从这一环节开始，是机构对项目用货币来交换证券。

人们经常可以看到大街上投资公司号称自己有几十亿或上百亿的资金规模，这并不等于他们银行账户真趴着那么多钱，事实上那只代表他身后某个投资基金承诺的额度。承诺额度就是投出去了才有这笔钱，没投出去就没有。他们背后的投资基金可能承诺给了很多投资公司，这些众多的中介机构用这种和批发零售一样的方式组成了巨大的销售网，深入到老百姓的日常生活中，构成了资本世界的万花筒。

上述就是一级市场的批发零售流动过程。

但资本市场还不止于此，如果只有一级市场的循环的话，那一项投资的退出机制将是单向不确定或不可控的，投资者会处在相对弱势的地位。尽管有很多方法或条款，可以在形式上保证投资者的权益，但是单项投资的时候，最终权益是否能够实现，还要取决于投资项目的发展和收益。但是众多的老百姓通过上述零售和批发环节把自己的资金注入了各类融资项目，由此换回相应的有价证券。在投资项目兑现承诺之前充满各种各样的风险，并且老百姓也因为各种情况需要中途收回和使用资金，说白了就是老百姓手里的钱要具备高流动性。因此，要为他们提供一个可以随时将手中证券套现的场所。这就需要有另外一个资本市场，我们称之为二级市场。

在这个二级市场中，按照规则，所有具备进入条件的投资者手里的流通证券都可按照供求时价挂牌交易，进而变现，在这个市场中，每秒钟都在发生证券和资金之间的高频转换。二级市场进行的权益凭证交易，是投资者之间的相互交易，与融资者已经没有关系了，后者需要的资金已经在一级市场上募集到手。二级市场最大的功能就是为众多投资者提供了十分重要的一条退出通道，即只要是在证券交易所开张的时间内，都可以随时以撮合成功的价格将证券变成现金。

二级市场中的投机者在此时此地登场了。在资本二级市场上，90%是投机分子，倒卖各种有价证券赚取差价。他们不投资，也没有打算靠这些证券获得多少分红，纯粹是对这种零和博弈乐此不疲，并且相信自己的智力和消息会给自己带来收益。他们当中的确有因为此道暴富者，但那始终是少数人，绝大多数人带回家的是资本市场中在进入二级市场之前每个环节所产生的高风险。

公募与私募

整个资本市场实际上体现为一个二元结构，投资和融资的功能主要由一级市场履行，而二级市场的主要功能则是分散和转移风险。

制度差别

募集的对象不同

公募的募集对象是广大社会公众，即社会不特定的投资者。而私募基金募集的对象是少数特定的投资者，包括机构和个人。公募市场对投资者的资格不设限制，所有普通老百姓都可以参与投资，但是对融资方的资格则设置了较高的门槛和诸多限制，例如需要申请金融牌照，或者需要满足某些信用指标并经过政府专业机构的审核等。所谓"非定向"的含义是，融资方可以在不确定范围内针对不确定目标人群发行权益凭证来募集资金。

募集的方式不同

公募募集资金是通过公开发售的方式进行的，而私募基金则是通过非公开发售的方式募集，这是私募与公募最主要的区别。私募市场对融资方的资格不设限制，合法注册的企业都可以参与，但是对投资者的资格却规定了质量门槛和数量限制，例如规定"合格投资者"的标准并限制权益持有人的数量等。所谓"定向"的含义是，融资方只能在确定范围内针对确定目标人群发行权益凭证来募集资金。比如，融资方可以把募集资金的对象锁定为风险投资机构或天使投资者、亲戚朋友、公司员工、业内人士等有限范围之内。如果融资方是责任有限公司，通透的权益持有人不能超过50人；如果是股份有限公司，通透的权益持有人不能超过200人。至于什么样的人属于合格投资者，现实中是很难准确定义的，不过原则上至少应该涉及两点：要么你具备资本运营的专业知识，要么你与融资方信息对称（对项目公司业务或老板比较熟悉）。

信息披露要求不同

公募对信息披露有非常严格的要求，其投资目标、投资组合等信息都要披露，而私募基金则对信息披露的要求很低，具有较强的保密性。

投资限制不同

公募在在投资品种、投资比例、投资与基金类型的匹配上有严格的限制，而私募基金的投资限制完全由协议约定。

业绩报酬不同

公募不提取业绩报酬，只收取管理费。而私募基金则收取业绩报酬，一般不收管理费。对公募基金来说，业绩仅仅是排名时的荣誉；而对私募基金来说，业绩则是报酬的基础。

投资理念、机制、风险上的差别

私募和公募除了一些基本的制度差别以外，在投资理念、机制、风险承担上都有较大的差别。二者的最大区别是激励机制、盈利模式、监管、规模等方面，具体的投资手法尤其是选股标准在同一风格下都没有什么不同。

投资目标不一样

对于公募而言，其设立之初已明确了投资风格，比如有的专做小盘股，有的以大盘蓝筹为主，有的遵循成长型投资策略，有的则挖掘价值型机会，品种很丰富，可以为不同风险承受能力的投资者提供相应的产品。

对于私募基金，大多数规模很小，国内很少有上10亿元人民币的私募基金，他们不是以追求规模挣管理费为商业模式，而是追求绝对的投资回报。

公募投资目标是超越业绩比较基准，以及追求同行业的排名。而私募基金的目标是追求绝对收益和超额收益。但同时，私募投资者所要承担的风险也较高。

两者的业绩激励机制不一样

公募公司的收益就是每日提取的基金管理费,与基金的盈利亏损无关。而私募的收益主要是收益分享,私募产品单位净值是正的情况下才可以提取管理费,如果其管理的基金是亏损的,那么他们就不会有任何的收益。一般私募基金按业绩利润提取的业绩报酬是 20%。

此外,公募在投资上有严格的流程和严格的政策上的限制措施,包括持股比例、投资比例的限制等。公募在投资时,因为牵扯到广大投资者的利益,公募的操作受到了严格的监管。而私募基金的投资行为除了不能违反《中华人民共和国证券法》操纵市场的法规以外,在投资方式、持股比例、仓位等方面都比较灵活。

不过到目前为止,我们所说的一级和二级市场,都是资本的公募市场。但在一级市场和二级市场之间,还存在信息披露的差别。在第 2 章里,我们将列出新三板市场与中小板及创业板信息披露的详细区别。

资金的公募市场好比超市,资金的私募市场好比集市。正如同在超市十分发达的今天,依然在不少街区存在活跃的社区集市一样,私募市场存在的意义也是如此,是给那些未达到公募标准却又会有一定投资者市场的企业提供了一个宽松的个性化的融资平台。因此,私募投资的领域通常会根据基金机构的规模大小而有所区分,但总的来说,都会侧重于自身团队熟悉和擅长的行业和领域。当它从自发的市场变得日益规范化的时候,就形成了像美国柜台外电子交易市场(OTCBB)之类的证券市场,或者像中国各省市的产权交易中心或者新三板市场。

资本的接力和归宿

风险和利益的击鼓传花

现代科技和生产力发展使得任何产品的研发到生产周期都不得不需要大量的资金,而这些资金都不是区区一两家机构就能够全部满足的,而且出于风险分散的目的,机构就算能够满足需求的体量,也不会把鸡蛋都放在同一个篮子里,他们会做投资的资产理性配置。现有资本市场结构体系,加之投资者的逐利本性,再加上现阶段生产力的特点,使得投资这件事,越来越像一个接力跑。

第1章 资本市场和游戏规则

需要发展而融资的项目或企业就是这个接力棒，一旦开始就必须不停地被接力下去，直到交给在终点等候的二级市场投资者。被传到终点后，接手的这些二级市场投资者不用再跑，就在原地炒作手里的接力棒，玩起互换游戏。

在这一接力跑的过程中，不但有商务模式的分工，还有专业和程序的分工。与此同时，接力棒本身的体积和重量也在成长，就像变形金刚，甚至到后来它可以变成车，变成飞机，载着接力者迅速冲向终点。

接力的投资者在这个长途旅程中，最先出场的是天使投资者。对于大多数天使投资，基本就是几十万级别。他们看到一个新生的小公司虎头虎脑看似体魄健壮，爱放豪言壮语，要去的地方似乎也不是不可能，有可能吸引下一波投资者，注资就成了。有的天使投资人，连自己已经投资的项目的商业模式和到底要做成啥都不了解，他们判断的唯一标准就是这些虎头虎脑的家伙会不会吸引到新的投资人进来。这个环节中，新生企业的死亡率很高，基本上投十个项目，有两个项目能活下去就已经不错了。企业要发展，只靠天使轮的那点钱是不够的，这时候如果卖相好的能吸引新一轮投资进来，天使投资者可以将自己的部分股权溢价转让给身后的风险投资基金，获得承担起步高风险的高回报投资收益；也可以不转让，把自己的权益继续留在项目中，陪这个创业项目企业再久一些，等它走得更远再做打算，没准儿可以走到终点呢。

其次登场的是百万级的若干轮风险投资资金，这个 ABCDE 就像 12345，你也可以融到 Z 轮，只要有人接盘，就没问题。风险资金的功能是对那些走出实验室的科研成果进行商品转化，实现技术与市场需求的嫁接，这就是我们通常所说的包装可行性项目。从实验室到市场的大门口有漫漫长途，让一项技术产品变成一个市场可以接受的商品，其核心是商务模式的策划。在这个过程中，创业公司逐渐成熟起来，但是一般还不具备持续盈利的能力，还在"烧钱"。当把一项技术产品送进了市场大门，风险资金的使命便基本完成了。这时企业基本上可以靠盈利养活自己了。

当项目已经盈利并在局部地区获得成功，就需要扩大生产规模，把市场扩展到全国甚至全球。规模扩张的最快捷径莫过于在各地区兼并同类企业，而成长资金的功能正是为这种跑马圈地的扩张提供粮草。当资本完成了自己的使命就需要套现退出。可是，此时的公司已经成为亿万级的庞然大物。这么沉重的盘子，谁会来接。随着每一轮新的投资人的加入，创业公司的成长模式一般都会受到新意志的影响而多少有些变化，企业创始人的话语权随着股权的稀释可能会越来越小。但是进来的资本需要人接盘的意志战胜了一切，公司多半会一直试图朝着二级市场走下去。有能力承接这个巨大盘子的只有千百万的股民。因此，一般亿级以上的投资要退出，必须跑到终点，把这个标的转给二级市场的股民。

二级市场上市是一个皆大欢喜的局面。企业上市的意义除可以获得大笔公募资金之外，还可以让自己的股票在二级市场上公开挂牌交易，这就等于为前面的诸多投资者提供了一条宽敞的退路。各轮投资者在大小非解禁之后，都可以在股市上高价抛出其手中的股票套现，然后捧着无数倍于本金的收获满载而归。

当然，上面我们描绘的是一个理想化的融资过程。在现实中，各种投资者履行的功能不一定那么规范。天使资金也许会直接把棒交给风险资金，而风险资金也许在起跑线就开始介入。不过无论怎样变，接力传花的游戏规则不变。

在这个过程中，投资者是十分具体的存在，而具有了行业分工的特征。因此作为融资者，你不但需要根据项目的行业性质选择不同专业的投资者，还要根据项目的发展阶段选择不同功能的投资者。如果你经营一个房地产项目，去找高科技的风险资金，即便它倾囊而出还不够塞你的牙缝；如果你经营一个需要孵化的高科技项目，去找企业并购的成长资金，它任意拔一毛就足以占有你99%的股权了，留给你1%的股权，那还怎么玩？

投资和融资都是持续的过程。项目就如同一个需要能量块的变形金刚，需要许多能量块才能进行超级变身。而每一个不同功能的投资者在其中都扮演着不同的角色。

投资和融资的过程都需要设计。只有精心设计的投资过程才可以使自己立于风险最小的不败之地。

资本接力推动的神奇蜕变

从下面这个案例中，我们可以看到，前面所描述的接力游戏在现实中是如何进行的，看明白一家小小的10万元起步的创业公司如何经过三级跳成为一个巨大的上市公司的。

一家10万元创业公司的上市

创业期

某文化传播创业公司初始运营资本10万元，有：（1）团队2人；（2）著作权IP为主的核心知识产权；（3）商务模式，资产评估机构对IP进行了评估后，加上团队和模式，共形成100万元的无形资产。然后创业团队以100万元无形资产为本，首期融入风投资金300万元，将公司注册成为股份有限公司，注册资金400万元（净资产值）。将公司总股本分为10 000股，每股市价便是400元。此时股权的分配比例：创业团队A持有2 500股，占25%；风险资金B持有7 500股，占75%。

培育期

随着公司业务的发展，IP相关的产品已经进入市场，但公司尚未盈利，一期融资的200万元几近告罄，于是公司面临着二次融资。项目公司在原来10 000股的基础上另增发5 000股给予新加入的投资者，以每股1 000元的价格（即在原来每股400元的基础上溢价2.5倍），融入培育资金500万元。二次融资之后，公司的总股本从10 000股增加到15 000股，按每股1 000元的股价，总市值增至1 500万元。培育资金进入后，原股东的股权比例分别被稀释了，股权重新分配的比例：创业团队A持有2 500股，占16.7%；风险资金B持有7 500股，占50%；培育资金C持有5 000股，占33.3%。

成长期

培育资金给项目的市场开拓注入了活力，IP产品已经站稳了脚跟，项目开始盈利。下一步项目公司需要并购小的传媒公司，拓展业务范围，于是公司面临着第三次融资。项目公司在原来15 000股的基础上再增发3 000股给予新加入的投资者。由于公司已实现盈利，每股价格在原来每股1 000元的基础上溢价15倍，按每股1.5万元的价格，融入成长资金4 500万元。二次融资之后，公司的总股本从15 000股增加到18 000股，按每股1.5万元的股价，公司总市值增至2.7亿元。成长资金进入之后，原股东的股权比例再一次被稀释，股权重新分配后的比例：创业团队A持有2 500股，占13.9%；风险资金B持有7 500股，占41.6%；培育资金C持有5 000股，占27.8%；成长资金D持有3 000股，占16.7%。

成熟期

在成长资金哺育下，项目公司通过资产并购与收购迅速扩张，并创建出了公司的知名品牌和生态。公司上市的时机已经成熟，计划上创业板。在上市之前，项目公司需要把公司的总股本拆分1万倍，从原来的1.8万股变为1.8亿股，股价则从原来的每股1.5万元相应变为每股1.5元。这个主要是为了增加股票的绝对数量，并降低每股价格，以适应对千百万股民的售购。上市之后，项目公司另发行7000万股给股民，发行股价比原来的每股1.5元价溢价10倍，每股15元，共筹集公募资金10.5亿元。上市之后，公司的总股本增加到了2.5亿股，按照15元的发行价，公司总市值37.5亿元。公众股进入之后，原来各股东的股权分别被稀释了，股权重新分配后的比例：创业团队A持有2500万股，占10%；风险资金B持有7500万股，占30%；培育资金C持有5000万股，占20%；成长资金D持有3000万股，占12%；全流通股E共计7000万股，占28%。

- 初始团队以10万元自有天使资金和2个人的团队起步，上市后其拥有的股本总市值为3.75亿元，资产增值3750倍；
- 风险投资第二棒加入，投入资金300万元，上市后其拥有的股本总市值为11.25亿元，资产增值375倍；
- 培育资金第三棒加入，投入资金500万元，上市后拥有的股本总市值为7.5亿元，资产增值了150倍；
- 成长资金第四棒加入，投入资金4500万元，上市后其拥有的股本市值为4.5亿元，资产增值了10倍。

这就是投资风险与投资收益成正比的原则。在上述击鼓传花的接力游戏中，谁加入的时间越早，所冒的风险就越大。风险越大，收益越大。如此看来，就不难理解为什么创业的大军熙熙攘攘，也不难理解为什么天使投资失败率那么高，机构却依然能保持很高的盈利率了。

上市不是唯一的退出方式

证券市场提供退路的功能比它提供的融资功能更为重要，很多人往往把上市和融资混为一谈，实际上这是一种误解。上市并不完全等于融资，一个股票挂牌交易的上市公司完全可以在 IPO 以后不融资，而只是让投资的股东在二级市场交易所里玩击鼓传花的游戏。至于股票的价格是多少、股东是谁，与公司本身经营一点关系也没有。公司只有增发股票并出售给新股东，或者做股权质押业务时，股票价格和数量才具备融资或辅助融资功能。

资本退出的方式主要有以下几种。

IPO 上市退出方式

通过将企业的股份首次向社会公众公开发行退出。这种情况下，风险资本一般会持有风险企业的股份直到公开发行，实现利润锁定，并且再将其投资所获得的利润分配给风险资本的投资者。

并购退出方式

在并购退出方式下，风险资本所持风险企业的股份将随企业的股份整体出售给第三方投资者。这里的第三方投资者通常为战略并购者，它与企业的生产活动在同一个或者相似领域，例如一个和风险企业有着相同或相似业务的企业，或竞争对手、供应商或销售商等，期望通过并购方式将风险企业的产品和技术纳入自己的产品链中，实现自身产品的快速升级或规模的快速扩张。

转售退出方式

这种退出方式是指风险资本单独将其所持有的风险企业股份出售给第三方投资者，这里的第三方投资者通常为战略投资者或其他风险资本。转售方式不同于并购退出方式，在转售方式下，只有风险资本会将其所持有的企业股份出售给第三方，其他企业股东保持不变。第三方投资者购买股份的目的通常是为了能够获得该企业的技术，或者为了将来能够对企业进行进一步的收购重组。

回购退出方式

回购退出方式是指风险资本将其所持有的风险企业股份回售给风险企业，企业的管理人员利用借贷资本或者股权或者其他产权收购该部分股份的退出方式。

清算

当风险投资企业认为风险企业失去了发展前景,或者成长太慢、资金回收期较长,达不到预期投资目的,就会选择从项目中撤出,寻找新的投资项目。当企业在风险资本退出后难以吸引到新的投资者时,企业就不可避免要选择破产清算。清算也意味着风险投资的投资失败。

很多企业上市,只是为了继续从投资人那里融资,于是以上市的愿景作为必要交换条件,换言之,上市只是为了投资人的资本退出。

除此之外,上市对于企业而言还有以下的好处。

1. 公司首次发行上市 IPO 可以筹集到资金,上市后也有再融资的机会,从而为企业进一步发展壮大提供了资金来源。
2. 可以推动企业建立规范的经营管理机制,完善公司治理结构,不断提高运行质量。
3. 股票上市需满足较为严格的上市标准,并通过监管机构的审核。公司能上市,是对公司管理水平、发展前景、盈利能力的有力证明。
4. 股票交易的信息通过报纸、电视台等各种媒介不断向社会发布,扩大了公司的知名度,提高了公司的市场地位和影响力,有助于公司树立产品品牌形象,扩大市场销售量。
5. 可以利用股票期权等方式实现对员工和管理层的有效激励,有助于公司吸引优秀人才,激发员工的工作热情,从而增强企业的发展潜力和后劲。
6. 股票的上市流通扩大了股东基础,使股票有较高的买卖流通量,股票的自由买卖也可使股东在一定条件下较为便利地兑现投资资本。
7. 公司取得上市地位,有助于提高自身信用状况,增强金融机构对企业的信心,使公司在银行信贷等业务方面获得便利。
8. 上市后股票价格的变动,形成对公司业绩的一种市场评价机制。
9. 企业发行上市,成为公众公司,有助于公司更好地承担起更多的社会责任。

第 2 章

新三板是否值得投资

第 2 章
新三板是否值得投资

新三板企业 2015 年实现营业总收入人民币 11 339.92 亿元，较 2014 年同比增长 16.58%；实现净利润 878.71 亿元，较 2014 年同比增长 40.41%，企业盈利能力持续增强，企业数量众多，盈利能力和资产规模上两极分化较大。尤其新三板分层制度出台之后，将会有金字塔顶端的明星企业，也有垫底的公司。那么新三板企业是否值得投资，该采取什么样的投资定位，这是本章要解决的问题。

新三板的发展历程和未来

二级市场是公募基金的交易市场，一级半市场是私募基金的交易市场，现在的新三板正属于一级半市场，挂牌企业以融资为主要目的，交易功能相对弱化，这正是它区别于主板二级市场的最大特点。它与许多省市的区域产权交易中心共同形成的这个一级半市场，构成了中国资本市场的重要组成部分，其未来发展潜力远远大于正规的二级市场。

新三板的历史沿革

"新三板"这个叫法是相对于"老三板"而言的。"老三板"全称为"代办股份转让系统"，"老三板"主要包括从原来两个法人股市场退下来的"两网股"股票和从主板市场终止上市后退下来的"退市股"股票。该系统的历史最早可追溯到 1992 年 7 月，国家体改委批准全国证券交易自动报价系统（STAQ）为指定的法人股流通市场。

1993 年 4 月 28 日，NET 法人股市场正式在北京开通，该市场是由中国证券交易系统有限公司开发设计，由央行联合五家银行、人保公司以及华夏、国泰、南方三大证券公司共同出资组建的。STAQ 与 NET 系统一起，构成了当时中国的场外交易市场，被称为"两网"。1998 年，在亚洲金融危机爆发的背景下，在中国证券市场开展了大整顿，"两网"被取缔。1999 年 9 月 9 日，"两网"正式停止运行。

2001年6月,中国证券业协会发布《证券公司代办股份转让服务业务试点办法》,指定申银万国等6家证券公司代办原STAQ和NET系统挂牌公司的股份转让业务。于2001年7月16日正式启动。代办股份转让设立主要为了解决两个问题:一是解决原STAQ、NET两网系统所遗留的数家公司的法人股流通问题;二是解决主板市场的退市股票流通交易问题。

由于在"老三板"中挂牌的股票品种少,且多数质量较低,要转到主板上市难度也很大,因此很难吸引投资者,多年被冷落。为了改变中国资本市场柜台交易过于落后的局面,同时也为更多的高科技成长型企业提供股份流动的机会,有关方面在北京中关村科技园区建立了新的股份转让系统。

从2003年年底北京市政府与科技部联合向国务院上报《关于中关村科技园区非上市股份有限公司进入证券公司代办股份转让系统进行试点的请求》算起,新三板紧锣密鼓地策划筹备了2年多,到2006年1月17日股份报价转让试点办法的发布标志着新三板正式推出。

新三板的学名为"中关村科技园区非上市股份有限公司进入证券公司代办股份转让系统进行股份转让试点"(以下简称"中关村股份转让试点")。新三板从推出开始就利用代办股份转让系统的现有技术系统和市场网络,在中关村股份转让试点,为投资者转让园区公司股份提供报价服务。因为其不隶属于主板和中小板市场,且挂牌企业均为高科技企业,不同于原代办股份转让系统内的退市企业及STAQ、NET系统挂牌公司,所以称为"新三板"。

2006年1月26日,两家中关村高新技术企业世纪瑞尔和北京中科软进入代办股份转让系统挂牌交易,标志着新三板市场的正式形成。新三板与老三板最大的不同是配对成交,设置30%幅度,超过此幅度要公开买卖双方信息。

为提升新三板服务中小企业直接融资的功能,响应国家关于加快发展和完善多层次资本市场体系的号召,2012年8月3日,中国证监会宣布扩大非上市股份公司股份转让试点。2012年9月7日,中国证监会与北京市、上海市、天津市、湖北省四地政府分别签署了新三板扩大试点合作备忘录。至此,北京中关村科技园区、上海张江高科技园区、天津滨海高新技术产业开发区、武汉东湖新技术开发区等四个高新技术园区的企业均可在新三板挂牌报价转让。

2012年9月20日,全国中小企业股份转让系统有限责任公司在国家工商总局登记注册。2013年1月16日股转系统公司正式揭牌运营,这是全国场外市场建设的标志性事件，也是全国场外市场建设从试点走向规范运行的重要转折。从此新三板的学名由"中关村股份转让试点"变更为全国中小企业股份转让系统，全国性场外市场运作管理机构也从原来中国证券业协会变为股转系统公司，原先在新三板挂牌的公司全部由股转系统公司承接。

2013年6月19日，国务院总理李克强主持召开国务院常务会议，会议决定加快发展多层次资本市场，将中小企业股份转让系统试点扩大至全国，鼓励创新、创业型中小企业融资发展，扩大债券发行，逐步实现债券市场互通互融。

2013年12月14日，国务院正式发布《关于全国中小企业股份转让系统有关问题的决定》，标志着全国中小企业股份转让系统正式扩大至全国范围，不限地域、不限行业、200人以下股东不审批。

2014年1月24日，266家企业在中小企业股份转让系统集体挂牌公开转让，至此，新三板上的挂牌公司将一举达到600家。

2014年5月19日，股转系统独立开发的证券交易系统正式上线。同年，在股转系统挂牌的企业突破千家。

2014年8月25日，做市商制度正式实施。

2015年3月18日，股转系统发布三板成指（899001）和做市指数（899002），标志着新三板进入指数时代。

2015年10月21日，股转系统修订挂牌操作指南，进一步简化流程，方便主办券商办理股票挂牌手续；修订挂牌企业与主办券商解除持续督导协议操作指南。

2015年11月24日，市场期待已久的分层方案（征求意见稿）出炉，分层总体思路为"多层次、分步走"，起步阶段划分为创新层和基础层。根据挂牌公司的财务状况、交易状况和公司治理情况，设置了三套并行标准，符合任何一套标准，并同时符合交易频率、是否完成融资任一条件即可进入创新层。

2016年5月，新三板挂牌企业数量超过7 000家。新三板分层制度正式落地。

新三板分层机制及未来预期

借鉴美国纳斯达克市场分层经验

新三板市场的做市商和分层制度都部分借鉴了美国纳斯达克市场的经验。纳斯达克也是在多次制度改进下，诞生了微软、谷歌、甲骨文等明星企业，在它们星光熠熠的光环映照下，纳斯达克备受投资者关注和青睐，从草根市场成长壮大至今天的规模。

纳斯达克从1971年开始运行，开始服务于科技型企业，共经历过三次分层，但真正具有历史性意义的是后两次。

第一层分层发生在1975年。纳斯达克开始设立一个上市标准，来区分自己与场外市场，但这并不能理解为真正意义上的分层，纳斯达克仍然是我们理解中的"场外市场"。

第二次分层发生在1982年。纳斯达克挑选一些比较优质的公司，建立了第二层市场叫"纳斯达克全国市场"，后来把"全国"改成了"全球"，这一层主要采用的是做市商交易制度。最早的做市商制度就来自于此，很多优秀公司的做市商多达几十家，纳斯达克分成了两层，这一制度延续了20多年。

第三次分层发生在2006年，但从2004年开始就已经有了分层的苗头。随着美国20世纪90年代进入科技时代，微软、谷歌等大量科技创新企业出现，使得纳斯达克市场在2000年"互联网泡沫"的年代曾一度超过纽约证券交易所成为世界最大的证券市场。在纳斯达克上市的公司市值的增加，使得纳斯达克开始具备与纽约证券交易所抗衡的实力。2004年纳斯达克开始向美国证监会申请成为全国性证券交易所，2006年获批。同年，纳斯达克开启了第三次分层，建立了"纳斯达克全球精选市场"，大盘股归入此类，苹果、微软、谷歌均在此列。全球精选市场开始采用公开竞价交易制度。

新三板分层的标准和内容

2016年5月27日晚间，股转公司发布了《全国中小企业股份转让系统挂牌公司分层管理办法（试行）》，确认通过采取差异化标准和共同标准相结合的方式（详见表2—1），来筛选创新层企业。试行办法较征求意见稿有不少改动，目的在于控制创新层公司的数量规模。

表 2—1　　　　　　　　进入创新层的标准及内容

标准一	标准二	标准三
侧重净利润、净资产收益率	侧重营业收入复合增长率、营业收入、股本	侧重市值、股东权益、做市商家数、合格投资者人数
1. 最近两年连续盈利，且年平均净利润不少于2 000万元（以扣除非经常性损益前孰低者为计算依据） 2. 最近两年加权平均净资产收益率平均不低于10%（以扣除非经常性损益前后孰低者为计算依据）	1. 最近两年营业收入连续增长，且年均复合增长率不低于50% 2. 最近两年营业收入平均不低于4 000万元 3. 股本不少于2 000万股	1. 最近有成交的60个做市转让日的平均市值不少于6亿元 2. 最近一年年末股东权益不少于5 000万元 3. 做市商家数不少于6家 4. 合格投资者不少于50人
共同标准（与融资和交易相关部分）		
1. 最近12个月完成过股票发行融资（包括申请挂牌同时发行股票），且融资额累计不低于1 000万元 2. 或者最近60个可转让日实际成交天数占比不低于50%		

除了以上对于已挂牌公司的分层标准要求，未挂牌而申请挂牌的公司满足以下条件之一的，可以挂牌时直接进入创新层。

1. 最近两年连续盈利，且年平均净利润不少于2 000万元（以扣除非经常性损益前后孰低者为计算依据）；最近两年加权平均净资产收益率平均不低于10%（以扣除非经常性损益前后孰低者为计算依据）；申请挂牌同时发行股票，且融资额不低于1 000万元。
2. 最近两年营业收入连续增长，且年均复合增长率不低于50%；最近两年营业收入平均不低于4 000万元；挂牌时股本不少于2 000万股。
3. 做市商家数不少于6家；申请挂牌同时发行股票，发行对象中包括不少于6家做市商，按发行价格计算的公司市值不少于6亿元，且融资额不低于1 000万元；最近一期期末股东权益不少于5 000万元。

根据东方财富Choice数据，统计了（截至2016年5月27日）同时符合创新层三个进入标准的公司共有24家（详见表2—2）。

表2—2　　　　　　　同时符合创新层三个标准的24家企业

序号	股票代码	股票名称	主营业务
1	430140	新眼光	向医疗机构提供设备数字化产品、医疗设备数字化系统集成服务及医疗信息化解决方案
2	430177	点点客	为中小型企业客户提供移动信息应用整体解决方案,以点点客为核心产品,在点点客的基础上衍生出其他应用产品
3	430244	颂大教育	教育软件及系统平台的设计、开发、销售及相关技术服务,主要涵盖了"教育管理信息化"和"教育资源应用信息化"两大领域
4	430305	维珍创意	ATM形象创新及安全防护产品的工业设计、IT软硬件研发、市场开拓、系统集成、产品生产、系统安装及售后服务
5	430358	基美影业	主要从事电影的投资制作、发行、协助推广及衍生业务
6	430505	上陵牧业	牛场运营、奶牛集约化养殖、种畜繁育、优质生鲜乳供应
7	430515	麟龙股份	证券软件研发、销售及系统服务,向投资者提供金融数据、数据分析服务及证券投资咨询服务
8	830819	致生联发	以信息化为核心的"智慧+"建设整体解决方案的设计、咨询和集成,及产品的研发、生产和销售
9	830899	联讯证券	证券服务业务
10	830964	润农节水	节水滴灌管(带)、喷灌设备、过滤、施肥系统、管件、管材的制造和销售,同时开展节水灌溉工程技术咨询和服务
11	830999	银橙传媒	互联网广告的精准投放业务
12	831117	维恩贝特	向中国的金融机构和企业提供一流的信息技术和应用服务
13	831562	山水环境	园林绿化工程施工及养护,主要为市政园林绿化及生态园林修复工程
14	831850	分豆教育	教育软件的设计、开发、销售及相关技术服务
15	831890	中润油	甲醇汽油的生产与销售
16	832220	海德尔	节能服务项目的投资、设计、建设与运营管理及在环保服务领域内,利用自有专利技术提供技术服务、设备销售和整体解决方案

（续前表）

序号	股票代码	股票名称	主营业务
17	832283	天丰电源	生产、销售高性能聚合物锂离子电池
18	832379	鑫融基	融资性担保业务
19	832710	志能祥赢	节能服务业务、环保与运营服务业务、清洁能源开发与利用业务
20	832896	道有道	移动互联网数据营销
21	832910	伊赛牛肉	肉牛养殖、饲料加工、屠宰分割、肉制品加工与销售
22	832950	益盟股份	证券信息软件研发、销售及系统服务，向投资者提供金融数据、数据分析及证券投资咨询等服务
23	833684	联赢激光	激光焊接系统的研发、生产和销售以及嵌入式应用软件的开发与销售
24	834805	雷讯网络	导购电子商务和移动互联网与增值业务

新三板分层的意义和影响

创新层的信息披露和监管与基础层试行差异化管理

分层落地后，市场关注的目光将更多聚焦在创新层上。无疑，进入创新层的好处显而易见：企业知名度提升，将成为优选的投资对象；还可能在融资、交易等方面优先享受政策红利，企业的流动性会有显著提升，估值也自然水涨船高。

但创新层也是一把双刃剑。说到这里，要注意试行办法中关于分层的表述："股转系统从服务和监管两方面对两个层次实施差异化制度安排。"也就是说，创新层企业的权利和义务对等，既享受着诸多制度红利，又要在信息披露、人员配置、限售管理和募集资金使用等方面接受更为严格的监管规范。创新层将在信息披露有着更严格的要求，可能向主板上市企业要求进一步靠拢。

分层前后，股转系统对新三板参与主体的监管将开启"趋严"和"细化"模式。事实上，这一趋势已经显现了，近日有券商透露，股转公司业务部2016年5月20日以邮件形式向多家券商下发了要对挂牌企业资金占用情况进行专项统计的通知，并且要求将统计结果在5月23日15点前反馈至监管员处。看来，占用着创新层的位子，想混日子没那么容易了。

投资策略需作出辩证的调整

创新层按照三个标准选出了近千家公司，但是投资者在选择标的的时候，应该注意它是属于何种标准，进入创新层只是一个加分项，并不意味着这家公司的身价就能立刻翻几倍。未来可能进入创新层的公司也具有潜在投资价值，甚至升值空间相对更大。

投资策略上，分层短期并不能够为新三板企业带来多大幅度的交易主题机会，通过博弈去博取交易性主题收益已经很难成为此类投资者对于新三板的投资策略。中长期看，分层是制度性分化的起点，建议关注结构性机会。

在监管趋严背景下，针对新三板的投资策略和投资行为也将PE型向投行型转变。对于新三板投资，综合考虑时间周期后，以退出为目的倒推前端的投资行为将成为下一个阶段新三板投资的重要策略。

分层制度落地为后续一系列积极政策打下了基础

分层并不能直接带来什么，但没有分层，一切都免谈。分层的意义在于为后续的公募基金入场、做市商扩容（允许非券商机构参与做市）、降低投资者准入门槛、引入竞价交易甚至转板等一系列利好打基础。

分层会带来流动性改善吗？分层只是一种更为优化的管理设计，跟流动性没有必然因果关系。但分层的吸引力其实在于后续政策，监管层后续或针对创新层推出更为便利的交易制度，而投资者也会因为优质标的遴选成本降低而提高投资热情，这也许会提高新三板的流动性。另外，政策推进符合预期，也有助于提升市场参与者的信心与参与度，缓解流动性紧缩压力。

分层之后，创新层红利体现在创新层公司信息披露要求趋严以及创新政策优先实施方面。新三板流动性的改善关键在于政策创新，能显著改善流动性的创新政策尚需等待，短期内还不具备推出的条件。分层制度的推出更多地起到规范新三板运行的作用，是为后续政策的推出做必要准备。

新三板与中小板和创业板对比

全国中小企业股份转让系统的投资者群体相对于主板、中小板和创业板有更为严格的限制，不是一般人能够参加的。在个人投资者方面，投资者本人名下前一交易日日终证券类资产市值 500 万元人民币以上。证券类资产包括客户交易结算资金、股票、基金、债券、券商集合理财产品等，信用证券账户资产除外。

新三板还要求个人投资者必须具有两年以上证券投资经验，或具有会计、金融、投资、财经等相关专业背景或培训经历。投资经验的起算时点为投资者本人名下账户在全国股份转让系统、上海证券交易所或深圳证券交易所发生首笔股票交易之日。

全国中小企业股份转让系统交易方式有三种形式：协议转让方式、做市交易方式、竞价交易方式，但目前竞价交易方式的方案还没有正式推出，具体时间还需等待国家相关政策。而主板、中小板、创业板目前采用的是竞价交易方式，以及协议大宗交易和盘后定价大宗交易方式，流动性相对于新三板要高很多。

与中小板和创业板对比

准入条件对比

新三板挂牌公司从行业来看，挂牌公司共覆盖了 84 个大类行业，高新技术企业占比达到 77%，战略新兴产业占比 23%；从规模分布来看，中小微企业占比 95%以上，2015 年小微企业净增 1 648 家。既然主体企业以创新型、创业型、成长型、中小微为主，因此准入条件与中小板和创业板相比宽松不少（详见表 2—3）。

表 2—3　　　　新三板与中小板和创业板的准入条件对比

板块	新三板	中小板	创业板
主体资格	股份公司	股份公司	股份公司
经营年限	依法设立且合法存续 2 年以上的股份有限公司，有限公司整体变更可以连续计算	依法设立且合法存续 3 年以上的股份有限公司，有限公司整体变更可以连续计算	依法设立且合法存续 3 年以上的股份有限公司，有限公司整体变更可以连续计算

（续前表）

板块	新三板	中小板	创业板
主营业务	业务明确	最近3年内没有发生重大变化	发行人应当主要经营一种业务，最近2年内主营业务没有发生重大变化
盈利要求	具有持续经营能力，无硬性财务指标要求	最近3个会计年度净利润为正且累计超过3 000万元 最近3个会计年度经营活动现金流量净额累计超过5 000万元；或最近3个年度营业收入超过3亿元	最近两年盈利：两年净利润不少于1 000万元 或最近一年盈利：净利润不少于500万元，营业收入不低于5 000万元
资产要求	无	最近一期末无形资产（扣除土地使用权、水面养殖权和采矿权等后）占净资产的比例不高于20% 最近一期末不存在未弥补亏损	最近一期末净资产不少于2 000万元，且不存在未弥补亏损
股本要求	无要求，但要求挂牌前实际缴付	发行前股本总额不少于3 000万元	发行后股本总额不少于3 000万元
持续盈利能力	具有持续经营能力即可	要求	要求
公司治理	公司治理结构健全，合法规范经营	最近3年董事、高级管理人员没有发生重大变化、实际控制人不得变更	最近2年董事和高级管理人员没有重大变动，实际控制人没有变更
重大变化	最近2年管理层、主营业务、控制人可以变更	最近2年管理层、主营业务、控制人不得变更	最近3年管理层、主营业务、控制人不得变更
持续督导	主办券商推荐并持续督导	证券上市当年剩余时间及后2年完整会计年度	证券上市当年剩余时间及其后3个完整会计年度

交易制度对比

现行新三板做市交易制度，仅能依靠背后联系大量做市企业但用来做市的资金实力又极其有限的做市商进行交易，难以满足挂牌公司股东出售大宗股票需求，也难以满足投资者以理想价格购买大宗股票需求，这样的局限性日渐突出。新三板扩容成为全国性非上市公司股权交易市场，是我国构建多层次资本市场体系和场外交易市场的重要组成部分，对我国资本市场的发展意义重大。新三板的交易制度名义上有三种，分别为协议转让、做市交易和竞价交易。但目前实行的交易方式只有协议转让和做市交易，竞价交易尚未正式推出（详见表2—4）。

表2—4　　　　新三板与中小板和创业板的交易制度对比

板块	新三板	中小板	创业板
交易模式	做市商交易 竞价交易 协议交易	竞价交易	竞价交易
交易单位	1手（1 000股）	1手（100股）	1手（100股）
交易时间	相同	相同	相同
涨跌幅	不设涨跌幅限制	±10%	±10%
结算方式	T+1 多边净额担保交收	T+1 多边净额担保交收	T+1 多边净额担保交收
证券账户	深圳交易所证券账户	深圳交易所证券账户	深圳交易所证券账户
资金账户	第三方存管资金账户	第三方存管资金账户	第三方存管资金账户

信息披露对比

关于信息披露的格式与内容要求，新三板已经"画好了饼"，企业在披露时只需按《年报内容与格式指引》的要求披露即可。《指引》主要内容包括重要提示、目录和释义、公司简介、会计数据和财务指标摘要、管理层讨论与分析、重要事项、股本变动及股东情况（含董事、监事、高级管理人员及核心员工情况）、公司治理及内部控制、财务报告、备查文件目录10个章节。这些新三板信息披露相较于中小板和创业板，对企业的自觉性要求更高（详见表2—5）。

表 2—5　　　　新三板与中小板和创业板的信息披露对比

板块	新三板	中小板	创业板
性质	适度信息披露	强制性	强制性
年报/中报/季报	要求/要求/鼓励	要求/要求/要求	要求/要求/要求
临时报告	要求（少于主板）	要求	要求
财务报告审计	要求	要求	要求
券商信息披露	主办报价券商披露风险提示公告等	不要求	不要求
披露场所	系统网站	交易所网站 指定媒体	交易所网站 指定媒体
信息披露监管	主办券商督导	交易所自律监管 证监会行政监管	交易所自律监管 证监会行政监管

监管制度对比

与中小板和创业板相比较，新三板的监管制度以备案审查为主，主办券商督导为辅（详见表2—6）。

表 2—6　　　　新三板与中小板和创业板的监管制度对比

板块	新三板	中小板	创业板
监管制度	备案审查	核准制	核准制
审批机构	全国股份转让系统公司 证监会	证监会	证监会
保荐期	主办券商终身督导	三年	两年

新三板的优势与劣势

尺有所短，寸有所长。新三板与主板和创业板相比具有其自身的独特优势，也有相对而言的劣势。毕竟不同的交易市场在多层次的资本市场中承载的功能是不一样的。

新三板的比较优势

挂牌准入门槛低

新三板无财务指标要求,市场更为关注企业的创新性或成长性;中小企业板、创业板则有最低财务指标要求,并且在实际发行审核过程中门槛更高。

挂牌审核时间短

新三板挂牌实际备案制,不同于主板、创业板的审核制;从券商进场确定股改基准日算起,公司进入全国股份转让系统挂牌一般需要4~6个月,最快可以低至3个月;而在中小板、创业板上市一般需要2年甚至更久。

挂牌费用成本低

新三板挂牌的中介费用与IPO相比,大为降低。IPO改制与辅导费用期间的中介费用(不含路演及承销费)大致在600万左右,而新三板挂牌全部成本在200万以内。大部分地方政府与高新科技园区都已出台支持在全国股份转让系统挂牌的补贴政策,补贴资金能够覆盖大部分中介机构费用。新三板采用电子化信息披露,只要到官方网站进行信息上传就可以了,不用登报,节约了披露成本;审计成本比较低,不要求披露季报,半年报也不需要进行审计;不需要设立独立董事和专职的董事会秘书,这些方面都大幅减少了挂牌企业的费用支出。

新三板的相对劣势

不能公开发行,投资者数量有限

目前新三板仍然属于我国场外市场的重要组成部分,场外市场与场内市场最大的区别在于场外市场不能公开发行,而证券交易所的场内市场可以公开发行。因为不能公开发行,投资者有限,自然融资能力受限,这是目前新三板与其他板块相比最大的弱势。目前,新三板挂牌企业的融资还是主要采用定向发行股票与银行债务融资、发行中小企业私募债等方式筹集资金。

交易不活跃,股票变现能力弱

虽然2014年8月新三板的做市商制度准时推出,但企业和投资者期待的集合竞价交易制度一直没有落地,这对新三板市场的交易量与活跃程度多少有些影响。

而且随着新三板分层制度的推出，预计创新层的企业可以使用竞价交易的方式，而创新层企业只是新三板挂牌企业中的小部分，估计会在10%左右，因此大部分企业仍然不能采用竞价交易方式。况且投资者准入门槛较主板、创业板高出许多，投资者数量与主板、创业板相比不是同一层次，最小交易单位也比主板、创业板高出十倍。这些都导致新三板股票交易量少，自然股票变现能力相对较弱。

市场芜杂，企业质量参差不齐

可以肯定的是，新三板市场分层制度落地将对市场内部实行差异化管理，按一定指标区分出若层次，这无论对于投资者还是优秀企业自身，都是重大的利好。分层前，好公司和差公司都混在一起，鱼龙混杂，这种现象阻碍了不少优秀企业挂牌新三板，它们认为创业板比新三板更符合自己的身份。目前新三板市场年收入达十几亿的公司也有，亏损的企业也不在少数，有几千员工的大企业，也有十几个员工的迷你型小公司。这也反映出新三板市场包容性较好，给每个发展中企业以平等的对待。在更好地实施分层之后，这个问题会在很大程度上得到缓解，企业挂牌新三板的积极性也会得到提升。

新三板主体企业特点

既然新三板是专门为中小微企业提供融资服务的平台，那么主体企业当然是中小企业。新三板的包容性比主板、创业板要强得多，只要符合挂牌条件，遵守资本市场游戏规则的企业均可以到这里挂牌，各取所需。大多数挂牌的中小企业最需要的依然是借助新三板实现企业自身快速发展。不过根据资本逐利的原则，只有能给投资者带来高额回报的企业才会受到资本市场欢迎。一个企业的成长性取决于若干因素，其中最关键的是所处的行业与管理团队。所处行业前景是否光明，政策是否支持，管理团队的凝聚力强弱，企业文化是否统一，以及过往的业绩等。

一个很有发展潜力的公司，极有可能也会给投资者带来高额回报。这个发展潜力，指的就是成长性。所以在作为融资平台为主的新三板市场，券商更愿意推荐具有发展潜力的企业以借助新三板市场的力量实现快速发展。通常挂牌辅导的收费并不高，但是优质企业挂牌进入资本市场后，券商可以通过后续一系列的服务提供接下来的资本运作支持，包括做市、引资、定向发行、发行私募债、转板上市、公开发行、并购重组等一系列后续服务，这也是券商做新三板业务真正的主要收入来源。所以在筛选企业推荐挂牌时，券商往往把企业成长性放在第一位，就是要推荐有潜力的企业。在这个前提下，新三板的挂牌企业形成了一些显著区别于中小板和创业板企业的特性。

产品或服务技术含量高，尚处于初创期的企业

高科技企业往往是高成长的，但是在高成长过程中往往伴随着高风险，很多诸如生物医药、互联网、信息技术等行业的企业，初创期基本都是不赚钱甚至烧钱的，没有雄厚的资金支持往往在早期就夭折了，很多可能会是很有价值的产品和研究，如果就这样消失，对于产品市场和资本市场而言都是损失。

这类高科技高成长企业通过挂牌新三板，能依靠定向增资募集到扩产所需的资金，从而进一步打开公司的经营局面，实现盈利。如果条件出色的企业，还能通过新三板这个备受投资者关注的公众平台，吸引更多创投资金的眼光，为后续发展打下坚实的根基。

瓦力科技

瓦力科技（832638）就是这样一家技术含量高、处于初创期、通过挂牌新三板融资快速成长的典型代表。两个"80后"年轻人在2012年二次创业，一起创立了瓦力科技，专注于互联网应用和技术开发，提供的服务主要是通过网址导航、软件大全等各类互联网入口，为用户提供免费互联网信息服务、为客户提供付费分流服务及互联网推广与营销服务。

瓦力科技2013年主营业务收入分别为2 200万元，净利润为-22万元；2014年营业收入为6 202万元，净利润达489万元，实现扭亏为盈。2015年6月登陆新三板，成为东莞首家在新三板挂牌的互联网企业。挂牌后不久，瓦力科技就以21元/股的价格发行182万股股票，融资3 822万，后又以22元/股的价格发行20万股，融资440万元。

登陆资本市场后，瓦力科技的战略规划也日渐清晰。此前，PC端业务为大头，而如今瓦力科技正在转型，逐步发力移动端。2015年下半年，瓦力科技推出

了几款基于移动端的应用,均获得市场的不俗反响。2016年瓦力科技实现营业收入1.17亿元,净利润2010万元,同比增长312.03%,交出了非常漂亮的成绩单。

如果没有登陆新三板,想要融资还需要自己出去找投资人,而现在是投资人主动关注瓦力科技,踊跃参与增资。瓦力科技表示,募集所得资金将有利于优化公司财务结构,募集资金用于发展多元化经营,提高公司盈利水平和抗风险能力,进一步提升公司产品的市场占有率和品牌影响力。

自身盈利能力很好,希望通过规模融资助力高速发展的企业

当企业已经走出初创期,又经过三五年的发展,取得相对稳定的市场地位,具备一定的盈利能力,面临良好的市场机遇,此时的企业发展和扩张的诉求非常强烈。这种诉求一方面源自资金,一方面源自战略转型,而缺少抵押物和担保品成为企业高速发展道路上的"拦路虎"。

这类企业挂牌新三板市场后,一方面可以通过定向发行股票、私募债、优先股、可转债等融资手段募资实现规模化扩张,扩大市场份额,另一方面可以利用新三板挂牌为契机,规范企业内部运作,履行公众公司信息披露义务,让公司迈向新的成长阶段。

汇元科技

这类企业典型的有新三板的互联网第三方支付第一股汇元科技(832028),2013年汇元科技营收就过亿元大关,并且在2014年实现了1.32亿元营收,净利润6 260万元,企业自身盈利能力非常强。

汇元科技在2015年2月挂牌新三板,不久即通过定向发行募集资金4 925万元,又于2015年11月发布定增公告拟募资4.2亿元,加上股权质押等措施,挂牌后累计通过资本市场拟融资5亿元左右,对企业快速扩张和布局带来强大而坚实的助力。

未来2~3年有上市计划的企业

新三板是经国务院批准，依据证券法设立的全国性证券交易场所，和主板、创业板一样，同时接受证监会的监管。公司挂牌后，能提前规范公司的财务、业务、公司治理等问题，在充分披露信息的基础上，择机转板。另一方面，挂牌后公司成为公众公司，财务数据和经营状况更早披露在媒体和公众面前，有利于公司树立阳光、透明的公众公司形象，给未来成功上市赢取印象分。

目前从三板转板上市的企业有12家，如果连老三板全算在内，时间最早的是粤传媒，2007年8月15日摘牌，11月16日在中小板上市；时间最近的是2015年6月1日在新三板摘牌，6月10日在创业板上市的合纵科技。

寻求并购和被并购机会的企业

很多大公司都是通过某种程度和某种形式的兼并成长起来的，几乎没有一家公司能够从头至尾仅靠内部扩张成长起来。我们可以看到现代企业的成长史，实际上也是一部并购史。目前，随着国内经济的发展和产业升级转型，兼并收购和产业整合的新浪潮已经不可避免，并且是难得一遇的最佳时机。企业除了迅速增强自身的市场竞争力外，还可以通过并购重组实现业务驱动的外延扩张或攀附上市公司实现曲线上市。

在新三板挂牌的公司经过券商专业的挂牌辅导后，企业治理结构、财务规范程度都比普通不透明的企业要好很多，所以并购重组要耗费的成本也会低很多。作为配套措施，证监会于2014年7月23日出台了《非上市公众公司收购管理办法》和《非上市公众公司重大资产重组管理办法》细则。从2016年1月1日至本书截稿时止，新三板的重大重组事项统计数据，有26家获得董事会通过，28家获得股东大会通过，2家已经正式签署协议，15家正式完成。

受政策限定暂时难以上市的企业

由于行业属性等原因，一些发展较为稳定，也具有较强的盈利能力的企业，如担保公司、城商行、小贷公司、PE管理机构等，受IPO政策限定暂时难以上市，但又希望借助资本市场的平台，需要提高产品品牌、影响力和知名度的企业，这样的企业会挂牌新三板谋求进一步发展的机会。相对主板和创业板市场，新三板的包容性更大，但在 2015 年 12 月，证监会暂停了私募机构在新三板挂牌。随后，证监会在各地调研并召开座谈会，对已经挂牌的 25 家私募机构以及正在履行挂牌程序的 29 家私募机构的情况进行了统计分析和梳理，其中就包括中信资本、华软资本、朱雀投资、君联资本、天星资本等比较有名的私募机构。到本书截稿为止，对 PE 挂牌的政策始终没有任何松动。

不过对于已经挂牌的私募公司，如九鼎和中科招商，二者去年分别实现融资 100 亿元和 108 亿元，占据所有 PE 融资的三分之二，赚足了资本圈的眼球，极具有品牌宣传效应，等于不掏钱做了一场免费的广告。

新三板投资是立足长远的早期资本行为

到本书截稿，新三板挂牌企业已经突破 7 200 家。按照统计，如今平均每一千家公司挂牌的工作时间已压缩至几十个工作日。2016 年一季度新增 1 220 家挂牌企业，2015 年一季度和 2014 年一季度分别新增挂牌 578 家、300 家，2016 年较 2015 年增长 111%，较 2014 年增长 93%。数量增长的同时，新三板市场总市值也比 2014 年有巨大的变化，增长了 5 倍多。2014 年底，新三板市值达到人民币 4 591 亿元。截至 2016 年 5 月 15 日，新三板市场挂牌公司总股本达 4 154.22 亿股，总市值达人民币 21 823.23 亿元。

经历了 2015 年上半年新三板市场的火热行情，新三板原始股的回报十分可观。随着 2016 年 6 月 27 日新三板分层正式实施，90% 左右的企业被分进基础层，企业市盈率在几倍到十几倍不等，有些企业的股价可能低于原始股的买入价。从作为短期套利的方向来看，三板市场投资者不容易退出，这与主板充裕的流动性有所不同。作为新三板的投资人，如果着眼于中短期的套利其实并不容易实现。

目前，新三板每天的交易额大约为 5 亿元，最高单日成交额 2015 年 4 月 7 日创造的 52.29 亿元。对比 A 股市场的日均成交额存在明显差距。

在多层次的资本市场中，新三板有其自身历史使命和相匹配的特征。如果投资人看到新三板价值所在，看到挂牌企业跟过去相比可以较早地接触到资本市场，并受到资本市场的支持，企业的确定性和发展速度将会有较快的提高。从这个角度来讲，新三板赋予了企业和投资人机遇。

新三板市场的初心就是扶持中小成长型企业去发展，特别是初创型企业。新三板无论是对企业还是对投资机构的支持都十分突出，趋势从未改变。所以，与主板市场短期套利有所不同，新三板市场立足于长周期的投资行为。

在可见的未来，新三板的两大内在特点决定了新三板投资是一个长周期的行为。首先，新三板最终将发展成一种结构性的状态，因为挂牌企业如此多，很难形成充裕的流动性支撑；其次，新三板中确实有大量的企业处于早期的发展阶段，本身经营具有很高的不确定性，如果还享受高估值，那风险是不言而喻的。

如上述分析，新三板投资侧重于长周期，以早期投资为主的，在企业发展起飞阶段通过资本市场对其进行战略价值投资。若要像主板一样用月度、半年度的投资周期去兑现盈利，目前新三板并不支持这样的投资行为。通过阅读本书接下来的几章内容，相信读者能够更多以价值投资和长周期的思路投资新三板挂牌企业，在成千上万的良莠不齐的新三板企业中筛选出值得并适合投资的金凤凰。

合纵科技 7 年 20 倍的投资收益

合纵科技作为新三板第一批挂牌企业，在新三板市场走过了 7 年的时光。合纵科技是中国电力系统内集生产、销售、服务于一体的民营高科技股份制企业，一直活跃在我国发电、输配电以及市政建设、铁路、城市轨道交通、供电等各个领域。合纵科技成立于 1997 年，位于中关村科技园区信息产业基地，注册资本 8 218 万元，下设 3 个子公司和 1 个中美合资公司。

2007 年 4 月 9 日，经中关村科技园区管理委员会的批准，合纵科技作为中关村科技园区股份报价转让试点企业，于 2007 年 9 月 19 日起在中关村科技园区非上市股份有限公司股份报价转让系统挂牌。2015 年 6 月 10 日在创业板正式上市，发行价格 10.61 元。

2007 年公司的公开转让说明书显示，合纵科技 2006 年的营业收入为 7 965 万元，净利润为 818 万。如今已经是创业板上市公司的合纵科技 2015 年报显示营收为 11.17 亿元，净利润为 8 721 万元。无论营收还是净利润，2015 年的合纵都是 2007 年的 10 倍以上。

新三板在这其中功不可没，给予了合纵科技很好的融资平台。公司在新三板挂牌后的半年时间内便发布了一笔1000万股定增案，每股3元，一共为公司募集了3000万的资金，从此之后，公司在资金方面便再也没有碰到太大的困难。参与合纵科技增发的老牌投资机构东方汇富，以仅为3元/股的价格投资600万股将合纵科技收入囊中，是其大股东之一，其子公司上海天一是持股代表。

而合纵科技转战创业板之后，股价最高在2015年圣诞节达到了62元/股，是2008年定增价格的20倍，对于在7年前参与定增的机构来说，这样的收益也是相当出色了。

这就是典型的新三板长周期股权投资，不仅帮助到企业持续快速发展，也给投资者带来丰厚的回报。

第3章

如何参与新三板投资

"金钱永不眠"。如何在新三板市场淘金？这着实考验人的智慧。当下经济形势复杂多变，相关政策也存在不确定性，由扩张带来的成本掣肘与投资风险也在剧增。急速扩容中的新三板市场，吸引了各路机构和个人的资本围猎和布局。如何参与到这个资本游戏，是本章要介绍的主要内容。

投资前的考量

任何投资，投资主体都是组织或者个人。投资机构是资本的人格化，所以无论机构还是个人，成熟的投资行为都要经过深思熟虑的考量。如何针对机构或个人自身特点进行合理的投资组合和资产配置，是金融规划的关键所在，也是精髓部分。由于机构投资决策都有其固定的套路和流程，并且经过各种委员会投资决策，所以本节内容主要针对还没有认真思考过投前思考的个人投资者。

个人投资者要充分了解自身情况，其中包括性格、技能、知识面、资产情况甚至偿债能力等多方位的信息。譬如说性格很急的投资者，希望十天半个月就能看到收益回报，可能更适合投资上市公司二级股票市场。但是，好比人在不同的生命周期和不同时期，对财富会有不同的需求，个人投资者在规划理财投资的时候，可以对资产进行科学合理的配置，只有这样，才能使财富不断满足各个时期的需求。

交易成本的存在使那些过度分散的资金效率降低。资金的分散使用可以降低单个资产出问题的风险，但资金分散有一个很大的弊端，就是配置任何资产都有成本，如果配置的种类多了，交易成本也会随之上升，这样一来，资产效率就会大打折扣。对于资产有限的投资者，资金太过分散会降低收益。

就如不同的修行者有不同的法门，不同类型的人也会有不同的资产配置方法。资产配置不但具有科学性，更具艺术性。即便懂得配置的重要性，谨小慎微，也不见得就能做好。因为资产配置更像是一门艺术，并不是懂得越多就能做得越好。这门艺术有它自身的原则——安全性、流动性和收益性。

在投资过程中要注意的三原则

安全性

无论投资何种产品,都要遵循安全性第一的原则。进行投资理财的目标是使个人或家庭财务保持健康良好的状况,而不是陷入一个又一个的赌局之中。要做到保证日常生活所需的同时争取获得更大收益,在这样的要求下,资产的安全性是保证各项目标任务实现的基础。

流动性

在进行资产配置的时候要做到既保证现在又兼顾未来,以防出现紧急情况时措手不及。现金以及容易变现的资产配置要有一定比例,教育、住房、养老要尽早规划,保险也是不可或缺的一项家庭投资理财方式。

收益性

一切投资都是为了获得收益,否则就不叫投资,叫捐赠。为了让以后的生活更加有保障,在进行资产配置的过程中,必须坚持风险理财产品与风险极低的理财产品相结合的原则,坚决避免为了追求高收益而置风险于不顾的资产配置方式。

从某个角度来说,个人投资配置事实上相对于机构投资要复杂得多,因为对于专业的机构来说,他们管理的钱除了投资增值以外没有其他用途。而对于个人来讲,除了要让资产增值,还有各类消费支出,有时候还会有些突如其来的支出,而收入主要还是通过劳动所得,相对固定且单一。因此,在资产配置上,个人投资需要考虑的因素会更多,所做的决策往往与日常生活息息相关。

新三板投资首先要知道的几点

新三板给了普通投资者一个股权投资的机会

新三板是事实上真正的注册制。与主板相比,无论是挂牌审批、投资者门槛、融资等一系列具体实操环节都完全不同。企业从挂牌新三板开始通过股权融资,达到主板或创业板条件的再进行 IPO,伴随企业这种持续进步,给了普通投资者一个参与企业成长的股权投资机会。

新三板股权投资不同于主板和创业板市场股票投资

相对于主板公募市场，新三板主要是私募机构市场。新三板提供一个股权流通的市场，而非炒股票的市场。这个市场最主要是让企业融资而非让投资者炒股，由于企业的不确定性，投资者就要判断风险，有可能血本无归，这个风险需要股权投资者去承担。

新三板培育出良好优质企业标的转板到主板，这个路径可能是今后的发展方向。分层制度推出后，接下来很可能公募基金入市，这个时候流动性会明显好转，投资者可以提前布局。

短期内新三板市场流动性不可能有很大提高

根据2015年年报显示，新三板在营业总收入方面，小于5 000万的企业有2 769家，占比达40.36%；超过1亿元的企业共有2 533家，占比达36.8%；营业收入超过10亿的企业仅有147家，占比为2.14%。由于股本本来就很小，对外流通筹码释放的比例也很小。因为新三板基本都是专业投资者，流通筹码少，预期差不大，所以即使没有设置涨跌幅限制，也不太会出现巨大的波动。而如果开放了门槛，用炒股票的风格来进行新三板交易，出现巨大波动是很不容易监管的。如何既适度提高流动性，又能保证市场的健康、稳定和持续发展，是监管层一直希望达到的效果。所以新三板的流动性改善会是一个循序渐进的过程，短期内不可能有很大的改观。

券商筛选挂牌企业会越来越严格

2016年新三板挂牌企业数量会突破1万家，这是一个重要的节点，对监管层也是重要考验。由于新三板挂牌条件宽松，所以公司质量参差不齐，要实现一个数量和质量的平衡，合理加强监管以后新上来的公司质量才会更好。

证监会把压力给券商，券商的压力就会体现在更加严格地挑选企业上，可以通过研究一些诸如申万宏源、国泰君安、招商证券、中泰证券、中信建投等大券商投行部所做的案子来看券商如何把握选择企业的标准。另外，从券商的角度来说，江苏、深圳、广州、北京的公司对市场敏感度高，相对来说企业质量较好，相对其他区域更加成熟，更容易成为好的投资标的。

不要在市场疯狂时参与定增

参与公众公司定增和在二级市场买股票是一个道理,在市场疯狂的时候,是卖家市场,券商作为股票批发商,会选择在市场疯狂的时候帮助企业进行融资,也就是向投资者批发权益凭证,因为这个时候价格好,能融到最多的钱。但是对投资者来说,市场疯狂的时候一定不是好的投资机会。

投资新三板应具备的条件

2015 年新三板融资额已过 1 000 亿元大关,市场平均单次融资 4 800 万元,总融资额已达 1 173 亿元,是 2014 年全年的 8.88 倍。截至 2015 年年底,新三板市场投资者账户数已达 21 万户,是 2014 年年末的 4.3 倍。与人们印象中股市公开增发、配股动辄融资数亿元相比,新三板挂牌公司发行单笔融资金额不大。但 2015 年以来,很多资金主动投向新三板市场。据统计,专业机构针对新三板市场的投资产品,由 2014 年底的 21 只增长到 2015 年底的 1 614 只。

可以说,伴随着主板市场 2015 年上半年的疯狂,新三板市场也进入一个热情高涨的时期,虽然在随后市场有所降温,甚至出现交易清淡,但是越来越多的人已经意识到新三板里有很多好的投资机会。对于新三板的投资,也是分为机构投资者和个人投资者。

机构投资者具备的条件

2013 年 12 月 30 日修订的《全国中小企业股份转让系统投资者适当性管理细则(试行)》规定,机构投资者新三板开户具备以下条件之一才能参与全国股份转让系统挂牌证券买卖:一是注册资本 500 万元人民币以上的法人机构;二是实缴出资总额 500 万元人民币以上的合伙企业;三是集合信托计划、证券投资基金、银行理财产品、证券公司资产管理计划,以及由金融机构或者相关监管部门认可的其他机构管理的金融产品或资产,可以申请参与挂牌公司股票公开转让。

个人投资者具备的条件

而个人投资者想要参与新三板挂牌公司公开转让,必须同时符合以下两个条件。

第一，投资者本人名下前一交易日日终证券类资产市值 500 万元以上。证券类资产包括客户交易结算资金、在沪深交易所和全国股份转让系统挂牌的股票、基金、债券、券商集合理财产品等，信用证券账户资产除外。

第二，具有两年以上证券投资经验，或具有会计、金融、投资、财经等相关专业背景或培训经历。而机构投资者要想参与挂牌公司转让，则必须是注册资本 500 万元以上的法人机构；或是实缴出资总额 500 万元以上的合伙企业。

当然，通过基金、信托、券商等发行的新三板金融产品，门槛能降为 100 万。至于更低的，股权众筹可以降低为 10 万元级别。不过，降低的门槛，是以各种限制为代价。

根据新三板现行交易规则，符合条件的自然人直接参与挂牌公司的投资介入方式主要有以下三种。

第一种，挂牌后在做市交易之前这一时间段内，通过协议转让方式买挂牌公司股票，即投资者必须委托代理其买卖股票的主办券商办理，如需委托另一家主办券商买股票，则须办理股票转托管手续。

第二种，当挂牌公司转为做市交易后，投资者从做市商发出的连续报价中购买股票。

第三种，通过定增方式入股。作为新三板企业股票融资的主要方式，新三板的定增有很多制度方面的创新。包括：对于符合豁免条件的企业，进行定向发行无须审核；投资者可以与企业协商谈判确定发行价格；定向发行新增的股份不设立锁定期。

个人投资新三板的渠道和方式

个人直接投资新三板可能存在的几点问题

从个人角度来看

第一，普通个人投资者缺乏较强的投资研究能力和经验，仅靠片面信息及跟随市场过热行情作出判断是较草率的，也是风险较大的。

第二，普通个人投资者很难深入了解企业，另外，较为优质的企业单从定增来说都会只选择较优质的机构合作，机构无论是资金规模和专业程度都更具优势，而个人投资者无论对公司品牌影响还是实际运营上都难以有较大帮助。

第三，普通个人投资者不具备谈判筹码，特别是针对新三板拟挂牌和已挂牌的企业，黄金投资期在企业挂牌前后，做市前后以老股转让、协议转让、定增等方式为主，个人投资者只能通过新三板的二级市场购买，无形中成本就高了很多。

从企业角度来看

当引进投资者时，更倾向于引进有限合伙的基金进来完成投资，太多的个人投资者首先不利于现代化的企业管理运营，股东权利过度分散不够集中；其次，不利于企业股东结构稳定，个人投资者可能更换频繁，股东结构不稳定，既不利于上市，也不利于并购。

此外，大多数个人投资者因其额度较小，风险承受能力相对较小，其财务投资痕迹和股东人数限制方面，以及将来引进更大创投方面，都不利于企业挂牌上市以及IPO。所以作为企业家来说，除非为了融资而融资，否则在接受个人直接投资方面还是有比较高的要求。

基于以上个人和企业两方面的原因，普通个人投资者挑选一个好的新三板产品进入投资应该是最佳选择。个人投资者一定要基于对新三板市场有基本认识和对投资方法有一定了解的基础上，才具备自主选择投资产品的能力；否则，又是把投资变成赌局。

门槛 100 万的基金专户

面对如此疯长的新三板股票，专业机构都已经蜂拥而入。根据新三板在线的数据统计，截至 2016 年 5 月，共有 57 家基金公司以直接发行专户理财或成立资管公司发行资管产品的形式，合计发行了 300 只投资新三板的资管计划，其中 223 只产品公布了规模，合计规模达到 214.29 亿元。个人投资者如果要绕过 500 万的注册门槛，可以参与基金、信托、券商等发行的新三板金融产品，投资门槛 100 万。

宝盈基金

2014年4月，宝盈基金通过子公司设立了"中铁宝盈——中证资讯新三板系列（1期）"专项资产管理计划。该基金成为国内基金行业首只新三板产品，其规模为3 100万元，成功抢得先机，该专户基金拟运作期为3年。其运作目的是投资于在新三板市场转让的股权，重点关注新兴成长性行业，包括信息技术、新能源汽车、高端装备制造、生物医药、新材料、节能环保等。闲置资金可投资于银行存款、货币基金等投资品种。2015年12月21日，专项资产管理计划发布分红公告，根据约定实施收益分配，分红方案为每份资产管理计划份额可获人民币1.08元，这是首只大比例分红的新三板基金。

公募基金子公司和公募基金专户新三板产品中，账面盈利巨大者不在少数，但成功变现并分红尚属首次。首只产品的分红说明，公募系新三板产品能够完成募集、成立、投资、持有、升值、退出、分红的全部流程。同时也说明，新三板现有的流动性可以满足小规模产品流动性要求。另外，大比例分红能为此类产品带来赚钱效应，助推新产品的发展。更是给以往担忧公募基金在新三板领域投研能力的投资者以信心。

目前基金公司在新三板上都是专户产品。目前已有宝盈、前海开源、上投摩根、南方、海富通、华夏、易方达、九泰等十数家基金公司先后通过旗下专户或子公司，已设立或正在推出新三板资管产品。先前的该类专户产品规模都在3 000万~5 000万元。不过，随着新三板交易井喷，专户产品募集金额也在不断放大，规模都超过1亿元。

此外，现在多家基金公司正在研究推出新三板指数类专户产品。与普通新三板产品相比，指数类产品相对风险更小，因为指数样本股的流动性比较好，这也使指数类产品可将封闭期缩短至半年，并逐渐实现每个月开放申赎，而普通新三板产品，都要封闭两三年。由于新三板挂牌企业质地参差不齐，新三板指数的发布可有效降低投资难度。普通新三板投资标的一般在10个左右，选择优质、有成长性的标的；但是新三板指数产品的标的可能多达80~100个，非常分散，而且投资要强调与指数的吻合度。从收益角度看，普通新三板产品精选标的，有更大优势获得超额收益，但是指数产品目标是获取稳定的收益。

10万~20万元资金可股权众筹或公募

新三板分层制度落地之后，公募进入新三板市场应该也就不远了，这对于只有10万~20万元资金的散户而言，是一个好消息。证监会支持机构投资者参与新三板投资，鼓励公募基金将投资范围扩大到新三板股票，目前正研究制定公募基金投资新三板挂牌股票的业务指引，但是公募基金进入新三板的最大困难，首要就是流动性问题。开放式基金面临投资者日常申购赎回要求，封闭式基金到期面临清盘、赎回要求，需要较强流动性。在分层制没有发布之前，新三板市场80%的流动性集中在4%的股票上，即200多家三板公司拥有80%交易量。所以，流动性始终会是一个困扰公募开放式基金投资新三板的关键问题。

此外，散户还可以通过股权众筹的方式来把门槛降得更低。2015年2月，新三板公司华人天地推出一份募资总额为2760万元的增发方案，其中部分资金采用众筹模式募集成为一大亮点。据披露的信息，其增发对象之一为深圳市"众投一邦投资"，这是一家采取股权众筹方式进行投资的企业，在该定增产品中，个人投资者最低跟投金额为20万元。公司通过股权众筹平台"众筹邦"进行股权融资，预融资总额为1200万元，最后获投资1304万元。当然，投资者也需要向众筹平台缴纳3%的管理费用。

新三板企业非上市公众公司，且股东人数可突破200人，为潜在投资者提供了投资入股可能以及足够数量的股票交易受让方，是众筹模式的绝佳载体。但是对于投资者来说，更多的风险还集中于挂牌企业与投资者之间的信息不对称以及募集资金使用监管方面。此外，与A股上市公司不同的是，新三板挂牌企业对于募集资金的用途无需每次向辅导券商申报，自由度较大，也使得募集资金监管存在风险。

不过，这种变相减低门槛的新三板投资方式，并不是被主管部门所鼓励的，因为这本身与新三板投资设定的500万门槛相背离。在未来，有可能在政策上会收紧。但只要人们认为新三板投资是十分有利可图的，就一定会想出更丰富的投资方式和渠道。

不同机构角色的新三板投资模式

随着新三板各方面的制度逐步完善,新三板将成为一个真正的场外市场,吸引银行、信托、基金、PE/VC、券商、个人投资者等各路资本掘金。对于新三板的投资,由于各路人马的着眼点不同,投资模式也不尽相同。

基金:用二级市场逻辑争夺新三板筹码

2014年4月,宝盈基金作为首家尝鲜新三板的基金公司,通过子公司设立了基金行业首只新三板产品,标志着传统二级市场的正规军正式进军新三板。自此,新三板市场迎来了基金公司的密集捧场,前海开源、招商、财通、九泰等基金公司先后通过子公司或母公司专户方式发行投资新三板的资管产品。从现有的新三板产品来看,整体规模基本在人民币3 000万~5 000万元。产品通常会选择10个以上标的,投资一家新三板公司的占比一般在3%~5%。

对于基金投资机构来说,目前新三板盈利模式已初步显露,可以通过协议、做市、转板、并购、大股东回购等五种渠道实现产品收益。所以,进入2016年,基金专户及子公司对新三板的筹码争夺战空前激烈,每个月都有新三板产品问世。而基金公司之所以如此争先恐后,是因为对于新三板优质公司的股票,做市商自己也会惜售,随着市场分层和流动性的改善,优质筹码会越来越难抢,所以基金的投资决策必须要快。

基金公司由于其产品赎回的要求特性,一般是二级市场逻辑投资。2016年5月的新三板平均市盈率在24.40左右,相对于主板二级市场,新三板挂牌公司的市盈率无疑是偏低的。

在这种情况和逻辑下,基金投资机构认为新三板比高估值的创业板更有机会也是意料之中的。除此之外,新三板的市场化程度也比创业板要高出很多,一个准注册制,一个是审核制,高下立见。市场化的平台一定会战胜非市场化的平台,这是毋庸置疑的。

PE/VC：紧抓新三板投资和并购的两个契机

身为助力新三板发展的最主要群体之一，PE/VC 机构在最近两年中作出了很多创新尝试，如专项基金开展新三板主题投资、投资机构自身挂牌新三板，以及促成大量存量项目新三板挂牌。2014 年底，传统券商垄断的推荐和做市业务牌照已被打破，PE、基金子公司等机构可开展做市等业务，玩转新三板的套路又多了几种选择。

对于 PE/VC 而言，市场分层制度建立，将挂牌企业分类，企业分别可以竞价交易、做市交易和协议转让，这就衍生出很多机会。如果投资机构能在早期发掘出可达到创新层的企业，趁 PE 值低一点介入，提前布局，随着促成投资的企业挂牌流动性溢价上升，若企业具备很好的成长性，能够进入新三板创新层，交易活跃，几年有个 10 倍收益也是有可能的。

此外就是并购，未来并购数量最多的市场可能会在新三板，目前已经有 200 多家上市公司在新三板布局参股，包括关联公司，等这些公司壮大发展了以后就会被并入上市公司。

如果投资机构对一家上市公司比较了解，又看好某家新三板挂牌公司未来的成长性，可以把它的亮点发掘出来，做一些结构化的设计获得 10 倍以上的收益。这种机会对于投资人来说也是很难得的，但前提是要善于发掘、研究和善于布局。

天舟文化 1.7 亿投资决胜网（836544）

2015 年 11 月，创业板公司天舟文化以自有资金出资人民币 1.7 亿元投资决胜网获得其经增资后的 18.889% 的股权。决胜网是一家基于 O2O 的泛教育产品导购平台，现有股东中包括新东方教育科技集团、信中利等，董事会成员包括俞敏洪、汪潮涌等人。决胜网控股股东承诺，决胜网将在两年内在新三板或投资人同意的其他证券交易所完成挂牌或上市，且挂牌或上市时的总市值应不低于本轮融资的投后估值。如决胜网未能在上述期限内完成挂牌或上市，天舟文化有权要求收购决胜网并控股，且整体收购估值不高于 20 亿元。

很快，2016 年 3 月 22 日，决胜网就在新三板挂牌，2015 年营收同比增长

209.46%，并且扭亏为盈。据天舟文化的公告显示，决胜网是国内唯一一家基于O2O的泛教育产品导购平台，拥有20多万入驻商家，1 000万以上的注册用户，决胜网主站和旗下APP覆盖3~22岁年龄阶段的学生及其家长与老师，包括早教、K12教育、非K12教育、职业教育全产业链，是全产业链的"互联网+教育"公司，并已经切入"泛教育"市场。

天舟文化作为国内教辅出版行业最大的民营企业，在传统的出版行业风生水起的同时，积极布局并意图迅速扩展互联网教育领域，如今投资决胜网应是其布局的第一步。本次投资对天舟文化迅速拓展互联网教育领域，改善业务结构，加快实施移动互联网、教育服务等新兴板块的产业布局有极大帮助，必将让天舟文化不断提高核心竞争力，为股东创造更大的价值。

此外，渠道、品牌、供应链资源互补又是天舟文化投资决胜网的另一个重要因素。显而易见，天舟文化是一家以传统教辅出版起家，后收购了3家游戏公司拓展文化产业链。借助决胜网的移动互联网教育生态链，天舟文化不仅打通了自身教辅资源向移动互联网教育手机应用的内容输送和分发，同时也为决胜网旗下的手机应用提供了丰富的内容，且间接地将内容输送到了中小教育商家。

券商：仍然以做市商身份拿票为主

目前，券商也开始发行投资于新三板的基金，初期主要还是跟一些私募基金合作。规模较小的券商系直投基金，在新三板项目的投资进度上相对开放、激进，不少小型券商旗下的直投基金都有发行新三板理财基金产品。大型的券商直投系基金，投资风格则相对稳健，认为投资项目以企业的成长性为导向，而非将企业是否挂牌新三板，作为投资的主要衡量标准。

但投资基金消化资金的速度还是比较慢，因为与基金在二级市场差不多一个月就能建仓完毕不同的是，在新三板可能三个月还只能投出去40%。之前券商发较长期限的基金比较多，例如"2+1+1"的期限；未来为了提高资金周转，可以更多发行开放式的基金，半年一开放，可以同时投二级市场和新三板，同时新三板仅限于有做市商的票种。

目前，很多私募基金对新三板跃跃满志，未来私募基金一旦放开做市商资格，资金肯定不够，银行和券商在这个时候可对一些基金进行授信和做市资金配置。现在也有很多个人客户询问新三板开户事宜，未来券商可以仿照在二级市场的做法，在伞形配资和股权质押方面去做一些产品和服务。不过这方面面临两个难点：一是标的怎么定，整个风控的标准怎么写；二是银行怎么认这个风控标准，虽然新三板产品利率在先期阶段肯定比二级市场产品来得丰厚，但直接拿银行的资金会有点难，可能需要通过发券商的收益凭证翻一道来进入银行的池子。

还有些券商开创了新三板投融资定期的路演平台，无论是PE/VC还是银行理财，都可以通过这个平台跟企业进行对接，券商扮演了融资顾问的角色，这也不失为老本行的新业务探索。

银行：更大的机会在于可转债和并购债

与PE/VC相比，银行的思维方式差异很大。因为银行最先考虑的是安全性，这是客户属性所决定的。对于银行而言，有没有评级？有没有劣后？谁来兜底？这些问题是最重要的，按照目前的格局，银行完全按照股权投资的思路是不可能进得来的，第一银行没有专业能力，第二也没有投资团队，第三投资周期太长而且获得多少回报的不确定性太大。

不过，如果银行把对新三板的投资与并购关联起来，格局就会不一样。除为企业提供各类金融服务外，银行还通过可转债、并购债及与其他机构合作设立或参与新三板基金等方式介入对新三板业务投资。

银行可以在先行的机构之间做类似于过桥融资的产品，可能是一些可转债、私募、非标的产品，最终的退出也不是靠经营现金流还钱，因为这种项目越是好企业五年之后越可能缺钱，企业还要成长，还要并购，怎么办？银行真正的机会在于后面的并购债，如果说企业并购体量到一年一两个亿的税后利润，能支撑企业在银行间发5亿~10亿元的债，这个时候评级自然就有了，银行则完全可以配置资金。随着无风险利率下降，通过并购债实现10%甚至12%的收益，额外还有一部分超额收益，评级是2A–或2A，这就是很好的资产，银行也可以考虑给私人银行客户。

目前，银行理财投资新三板可借鉴保本基金模式，大概六到七成投固定收益，三到四成的方式直接投二级市场。对于权益投资部分，可以考虑用优先劣后的结构，有一个独立的投资机构（基金子公司或者私募基金），以劣后偏好的资金作为打底，同时也尽到尽职调查的责任；银行的资金作为优先，但不是收固定收益，而是按照各方既定的比例进行利润分成，达到的效果其实是通过架构的设计，既保障了中小投资者的投资回报的要求，又保障了资金安全性。

在固定收益这一端，除了做债权类的投资，银行理财可以考虑给做市商做股票质押业务，比如券商做市会大幅消耗资本，银行理财可考虑以一定的折扣率让券商将股票质押，同时跟做市商谈好一个相应的回购价格，期限可以较长，如两到三年，融资成本比如说在现价的基础上打2折，如果券商能够接受就可以做。对于做市商来说，相当于是卖出一个期权，也可以收取一定的期权费。如果用这种方式去完善固定收益方面的结构设计，就可以形成一个相对比较完整的固定收益加浮动收益结构的理财产品。

以平安银行推出的"新三板企业综合服务方案"为例，在企业挂牌前，平安银行可为企业提供财务顾问、并购服务、并购基金、PE直投和中小企业私募债；在企业挂牌后，则为企业提供专项信贷融资、供应链金融、并购融资、优先股、托管以及财富管理等服务；若企业能够转板，则依托于集团提供上市流程服务。

企业服务方面，为成长性新三板企业提供并购咨询、资金支持、债券发行等金融服务，甚至主动配置优质企业债券资产，对银行来说是很好的选择。

信托：借助投顾试水新三板集合产品

目前已有多家信托公司在积极布局新三板业务，并已进入实操阶段。2015年3月，中建投信托联合私募基金上海鼎锋资产管理有限公司发行新三板集合信托产品，是信托领域中第一个杀进新三板的公司。中建投推出的新三板类信托产品大致可分为三种类型：其一为私募基金合作模式；其二为券商合作模式；其三则为"PE+券商"的双投顾结构化产品模式。

该集合信托单笔认购资金门槛100万元，最低成立规模为3 000万元，产品期限为2+1+1年，即这期间部分或者全部项目退出后可提前分配。为控制风险，该产品同时要求私募基金跟投。不过，受限于目前的投研能力，信托公司推出新三板产品仍需借助投资顾问的力量。在已经落地的新三板项目中，信托公司仍未扮演绝对主导的角色，投资标的选择和策略主要还是由投资顾问操刀，但信托拥有一票否决权。

据悉，该产品将主要投资定向增发，原则上以 TMT、大消费、大健康、高端装备为主要投资领域，单一主投项目不超过总规模的 30%，投资项目原则上仅限于新三板已挂牌的、已做市或有明确做市意向的公司。从收益来看，产品约定，项目退出后，优先返还委托人全部本金，委托年化收益达 8% 但低于 10% 时，受托人收取超过年化 8% 的部分作为业绩分成，如年化收益超过 10% 以后，则受托人收取收益的 20% 业绩分成。

除了中建投信托，别的信托公司也在谋划推出投资新三板的产品，并由证券公司担任投资顾问，与新三板挂牌的公司开展业务。由信托公司发起集合资金信托计划，并成为有限合伙基金的 LP，成立的有限合伙基金将投资于按照一定标准选择的新三板挂牌公司。一是寻找有明确的政策红利，抗风险能力强，存在制度性套利机会的企业，如有望进入创新层或者转板 IPO 的企业；二是从竞争不充分的行业中挖掘有较好成长空间的成长导向型企业。

第 4 章

如何选择适合的新三板投资对象

第4章 如何选择适合的新三板投资对象

投资也要知己知彼,在选择投资对象的时候,首先对自身情况了解透彻,进行定位,再对投资对象进行分析,看是否适合。同时,这也是个熟能生巧的过程,通过掌握基本的方法和原则,总结规律,形成最符合主客观的投资套路。本章通过介绍一些基本的准则和内容,来帮助打开这扇投资之门。

投资主体的角色定位

根据《证券公司代办股份转让系统中关村科技园区非上市股份有限公司股份报价转让试点办法(暂行)》的规定,参与挂牌公司股份报价转让的投资者,应当具备相应的风险识别和承担能力,可以是下列人员或机构:(1)机构投资者,包括法人、信托、合伙企业等;(2)公司挂牌前的自然人股东;(3)通过定向增资或股权激励持有公司股份的自然人股东;(4)因继承或司法裁决等原因持有公司股份的自然人股东;(5)协会认定的其他投资者。

新三板市场对机构投资者采取了完全开放的态度,不局限于具备法人资格的机构,也不局限于国内企业。而对自然人投资者,《试点办法》则采用了列举式的规定,只涵盖了四类特殊主体。从实际情况来看,这些主体以挂牌公司原始股东、高管、核心技术人员和战略投资者为主。对于自然人投资者的资格限制,协会的监管措施较为严格。在《关于自然人投资者买卖中关村科技园区非上市股份有限公司挂牌股份有关监控业务的通知》中,协会明确要求主办券商在办理自然人投资者股份转让的过程中必须尽到足够的监控义务:"主办券商应当在开户、交易等环节对投资者资格进行核查,对投资者负有管理职责。"此外,协会还委托深交所对自然人投资者买卖挂牌公司股份行为进行事后监督:"深圳证券交易所发现自然人投资者违规买卖挂牌公司股份的,应及时通知协会和主办券商。"

总体来说,从投资行为特性来讲,基本上分为机构投资者和个人投资者两大类。

机构投资者

机构投资者的分类

机构投资者主要由政府机构、金融机构及非金融机构三部分构成。

政府机构

政府机构参与证券投资的目的主要是为了调剂资金余额和进行宏观调控。

金融机构

金融机构主要包括银行金融机构和非银行金融机构。

1. 银行金融机构主要指商业银行,还包括城市信用合作社、农村信用合作社等吸收公众存款的金融机构以及政策性银行。他们可用自有资金买卖政府债券和金融债券,除另有规定外,不得从事信托投资和证券经营业务,不得向非自用不动产投资或向非银行金融机构和企业投资。

2. 非银行金融机构包括投资银行、证券经营机构、保险经营机构、合格境外机构投资者、主权财富基金及其他金融机构等。

(1) 投资银行。投资银行主要从事证券发行、承销、交易、企业重组、兼并与收购、投资分析、风险投资、项目融资等业务的非银行金融机构,是证券市场上的主要金融中介。

(2) 证券经营机构。证券经营机构主要为证券公司,他们是证券市场上最活跃的投资者,以其自有资本、营运资金和受托投资资金进行证券投资。

(3) 保险经营机构。保险公司可以设立保险资产管理公司从事证券投资活动,还可运用受托管理的企业年金进行投资。

(4) 合格境外机构投资者。合格境外机构投资者是指经中国证监会批准投资于中国证券市场,并取得国家外汇管理局额度批准的中国境外基金管理机构、保险公司、证券公司以及其他资产管理机构。

(5) 主权财富基金。主权财富基金主要是利用大量的官方外汇储备,代表国家进行投资的机构。例如,中投公司于 2007 年 9 月成立,是专门从事外汇资金投资业务的国有投资公司,以境外金融组合产品为主,开展多元投资,实现外汇资产增值保值,被视为中国主权财富基金的发端。

（6）其他金融机构。其他金融机构包括信托投资公司、企业集团财务公司、金融租赁公司等。

非金融机构

企业作为证券市场的参与者，不仅是证券市场资金的主要需求者，而且也是证券市场的重要投资主体。

机构投资者的特点

机构投资者与个人投资者相比，具有以下几个特点。

投资管理专业化

机构投资者一般具有较为雄厚的资金实力，在投资决策运作、信息搜集分析、上市公司研究、投资理财方式等方面都配备有专门部门，由证券投资专家进行管理。1997年以来，国内的主要证券经营机构，都先后成立了自己的证券研究所。个人投资者由于资金有限且高度分散，同时绝大部分都是小户投资者，缺乏足够时间去搜集信息、分析行情、判断走势，也缺少足够的资料数据去分析上市公司经营情况。因此，从理论上讲，机构投资者的投资行为相对理性化，投资规模相对较大，投资周期相对较长，从而有利于证券市场的健康稳定发展。

投资结构组合化

证券市场是一个风险较高的市场，机构投资者入市资金越多，承受的风险就越大。为了尽可能降低风险，机构投资者在投资过程中会进行合理投资组合。机构投资者庞大的资金、专业化的管理和多方位的市场研究，也为建立有效的投资组合提供了可能。个人投资者受自身的条件所限，难以进行投资组合，相对来说，承担的风险也较高。

投资行为规范化

机构投资者是一个具有独立法人地位的经济实体，投资行为受到多方面的监管，相对来说较为规范。一方面，为了保证证券交易的"公开、公平、公正"原则，维护社会稳定，保障资金安全，国家和政府制定了一系列的法律、法规来规范和监督机构投资者的投资行为。另一方面，投资机构本身通过自律管理，从各个方面规范自己的投资行为，保护客户的利益，维护自己在社会上的信誉。

新三板的机构投资者概况

根据全国股转系统官网发布的 2015 年度数据，截至 2015 年末，个人投资者以 198 625 的总户数占据九成的比例，机构投资者以 22 717 的总户数占据剩下的一成。但是在 2015 年，10% 的机构投资者贡献了 90% 的成交量和 59% 的成交额，具体数据方面，2015 年，机构投资者贡献了 250.87 亿股的成交量和人民币 1 133.53 亿元的成交额。

目前共有 29 类机构投资者参与新三板市场交易，其中证券公司独占鳌头。基于东方财富 Choice 的数据，2015 年共有 29 类 9 177 家次的机构投资者参与交易，其中 9 177 家次是指各机构参与交易的总次数。29 类机构投资者包括证券公司、投资公司、普通公司、基金资管计划等多种类型。其中证券公司、投资公司、其他（普通企业）位列机构投资者参与交易的家次排名前三强。

个人投资者

个人投资者的投资特点

1. 不创造金融产品。个人投资主体既不发行也不能提供新的金融产品，他们是金融产品的纯粹需求者。尽管他们也在金融市场出售金融产品，但不会增加金融产品的数量。
2. 投资专业性不强，相对机构投资者而言具有盲目性。由于个人投资主体力量分散，资金规模有限，很难将资金进行合理全面的资产规划配置以降低投资风险，且个人投资主体的时间、精力以及知识有限，很难获取并处理大量的投资信息以作出合理投资规划，因此其投资活动的盲目性较大，从而遭受投资损失的可能性要比机构投资主体更大一些。
3. 投资活动的途径需借助中介机构。个人投资主体的资金有限，需要通过金融中介机构协助进行金融资产的交易。

个人投资者的资金来源和投资目的

个人投资主体是以个人的名义，将自己的合法财产投资于金融市场的投资者。其资金的来源主要有：一是储蓄，这是最主要的来源。个人既可以将储蓄直接用于购买金融资产，也可通过储蓄活动间接地投资，如通过购买保险、基金等，由保险、基金公司等间接进行投资；二是手中持有的现金，现金是个人投资主体资金主要来源，但一般来说数量规模很小；三是个人融资，譬如小额贷或配资。

个人投资者的投资目的一般有以下几点。

首先保证本金安全

本金安全是投资主体的主要目标。只有本金安全才能借以取得收入，获取盈利。本金安全不只是保持资金的数量不变，还要保持本金的购买力，即抵御通货膨胀的危害。

追求个人投资盈利

投资活动的收入主要来自利息收入和资本利得。现在人们越来越倾向于"以钱赚钱"，通过利用自己的资产再投资而赚取更大的收益。而对于不同收入层次的人群，其所追求的盈利风格又不一样。对低收入投资者来说，他们追求盈利的目的主要是补充其他收入来源的不足，因此对投资的稳定性和安全性要求比较高；而对高收入投资者来说，不存在生活的压力，则更加倾向于高收益、高风险的投资风格。

转移风险，寻求个人保障

个人投资主体通过购买保险理财产品来转移风险，并形成强制储蓄的习惯，大多是为未来的生活提供保障。

通过持有股权参与公司决策

管理少数资本雄厚的投资者通过大量购买目标公司的股票来达到参加股东大会，参与决策管理的目的，甚至于控制、操纵目标公司。然而对于大多数个人投资主体来说这种观念并不强烈。

新三板的个人投资者特点

从2015年1月到2016年5月的数据统计显示，全部近3 800条的定向增发投资记录中，超过75%的投资者是个人投资者。但是在增发的1 900亿元资金中，个人投资者获配资金不到30%，仅有500多亿元。个人投资者的平均投资金额也很低，单笔金额不足160万元，在全部投资类型中排名倒数第二（第33位）。而对于大多数机构投资者来说，其平均投资金额都是超过1 000万元。排前三位的分别是非确定性信托计划、金融控股集团和员工持股计划。

所以，从数据可以看出，尽管新三板市场对个人投资者设置的门槛很高，但新三板依然是一个以个人投资者为参与主体的市场。并且同A股市场一样，个人投资者虽然人数众多，但其投资金额却远不能同机构相比。此外，新三板的投资者具备和A股投资者一样的特质——跟风投资。造成这种情况的根本原因，恐怕还是在于新三板的散户特性。一方面，个人投资者占据了新三板75%的份额；另一方面，即使是公募、私募这类机构投资者，出于业绩的考虑也会让自己像散户一样根据行情追涨杀跌。

投资决策的基本原则和流程

投资决策的基本原则

风险与收益成正比

在击鼓传花的游戏中，越早进入这个游戏，冒的风险就越大，可能的收益也越高。这是资本市场的基本准则。

2015年，新三板市场共有2 446家公司实施了2 571次增发融资，自增发实施后上市首日算起，至2016年5月截稿时止，股价跌破增发价的有1 035家，超过股价同比上涨的917家，另外还有400多家的股价基本没有什么浮动。也就是说，以活期利率为无风险利率作为贴现率计算现值，那么成功实施增发的2 000多家企业的投资者中，超过半数处于账面浮亏状态。但在涨幅为正的企业中，股价平均涨幅超过10倍，最高涨幅达1 399倍。而跌破发行价的企业中，股价平均跌幅大约近1/3。

新三板市场是一个彻头彻尾的高风险高收益的融资市场，对挂牌企业来说，融资效率和便捷度优势明显，对投资者来说增发后的总体收益率表现非常抢眼，而且大部分企业的基本面也有非常喜人的业绩表现。只要能够选对股票，还是可以获得相当高的回报的。但即便是以机构为主的新三板市场，通过先验概率计算，仍有半数以上投资者亏损，虽然整体亏损的幅度不高，但这不得不让后继者谨慎对待。

流动性与安全性成正比

流动性其实就是产品的变现能力，流动性越强，产品的变现能力越强，在遇到困难时，流动性会帮助争取时间，缓和危机的冲击。资产只有流动的才是安全的，资产的流动性与安全性成正比。在所有形态的资产中，现金最安全，因为它具有最强的流动性。

新三板市场流动性一直是大家最关注的问题。虽然一些成功的投资者可能会获得极高的账面利润，但以目前的流动性而言，即便账面有百倍盈利，在退出时仍然会遇到无人接盘的情况，可能分文都无法取出。因此，对于风格保守的投资者而言，投资新三板更需要前期做大量的基础工作。

投资决策的基本流程

不论是机构还是个人，投资决策流程都是类似的，只是机构具有更多专业的人员来做很多细分工作，但是个人投资者也可以通过学习和借鉴专业机构的标准投资流程，来保持良好的投资习惯。以下以私募股权投资基金为例，列举一个规范的机构投资决策流程。

私募股权基金投融资活动过程，通常是先募集资金设立基金，筛选目标企业寻找投资机会，再由目标企业制订融资商业计划书，详细列出所需资金和投入时间以及盈利预测、销售和销售增长预测等私募股权基金关注的内容。然后私募股权基金方根据这份融资商业计划书对目标企业进行尽职调查来决定是否投资，并就投资的价格和条款进行充分谈判。如果双方能够达成一致就会签署有关投融资等法律文件以进入目标企业，同时为目标企业提供增值服务，促进企业发展，增加企业价值，最后以 IPO 等方式退出项目企业。

设立基金和募集资金

私募股权基金不同于证券投资基金，其通常采用出资承诺方式。也就是说，基金发起人在设立基金时，首先将根据投资计划结合各种私募股权基金投资模式选择最适合自己的基金组织形式，再按照基金组织形式的要求募集资本。一般并不一定要求所有基金份额出资者投入预定的资本额，而仅仅只需获得由基金份额出资者给予投资数额的承诺，当基金管理人发现合适的投资机会时，提前一定时间通知所有基金份额持有人出资者进行出资注资即可。这种资金承诺方式，在有限合伙制私募股权基金中尤为明显。在实际的资金募集活动中，募集时间一般会设有一定的筹集期限，当期限届满时，就会宣布基金份额认购截至，认购截止日可能是一个，也可能有多个。

初步筛选适合的项目

首先，分析拟投资项目的企业管理人或实际控制人的素质和能力，并评估目标企业的管理水平。所有的私募股权基金都非常重视对目标企业管理团队的考评，私募股权基金需要从各个不同角度对目标企业的管理人和管理团队或实际控制人进行考察，包括技术能力、市场开拓能力、融资能力、综合管理能力等。对于投资于快速成长期的企业，企业的销售和市场所占份额是至关重要的。因此，在企业增长期阶段，私募股权基金更愿意投资于那些由销售型的企业管理人或实际控制人所掌控的企业。

其次，分析产品市场的构成。

最后，私募股权基金需要考察目标企业生产的产品所包含的知识产权含量或者技术含量，包括判断目标中所使用的技术是否国内外首创、是否具有先进性，其后备技术力量如何、技术产业化的可能性和市场前景如何等内容。

尽职调查以及专业评估

对于经过筛选阶段的备选项目，私募股权基金在与企业管理者或者实际控制人达成初步投资意向后，还需对该企业进行更为深入、复杂且耗时的尽职调查和专业评估，调查和评估结果将会影响私募股权基金是否投资、如何投资以及投资多少的决策，此过程一般由私募股权基金自己组建的专业团队或者外聘的专业中介机构进行。尽职调查和评估的内容包括但不限于企业管理调查、法律尽职调查、财务尽职调查等，进行调查和评估的团队通常包括会计师、律师等专业人士在内。

企业管理调查和评估主要有：企业创始股东和管理队伍的素质，包括对企业的事业心，发展企业的动力、信誉、创造性等；产品歧异性，包括产品特性、价格和分销渠道等；企业创新程度、技术队伍、技术水平及市场或同业中的竞争力；企业管理模式等方面的内容。

法律尽职调查主要是了解企业是否涉及纠纷或诉讼；土地和房产的产权是否完整，商标、专利权的期限等问题。很多融资企业属于新开办企业，经常存在一些法律问题和制度缺失，私募股权基金和目标企业双方应当在对目标企业进行调查和评估过程中逐步清理并解决这些问题。

财务尽职调查可分为对目标企业总体财务信息的调查和对目标企业具体财务状况的调查，包括目标企业的财务组织、会计政策、税费政策、薪酬制度以及具体的货币资金、应收账款、存货、长期投资、在建工程、固定资产、无形资产、银行贷款、应付账款、应付税金、销售收入及成本、其他业务利润、投资收益、现金流等，以更全面了解企业的资产状况、损益情况，从而评估对目标企业投资可能产生的影响。

投资决策与交易条款谈判

私募股权基金与目标企业的管理层或者实际控制人谈判的主要内容包括：交易定价；确定企业控制权、金融工具的种类、组合以及资本结构；对未来融资的要求、管理的介入和资金退出方式安排等内容。

投融资协议的设计及签署

投融资协议是以投资意向书为基础的正式法律文件，对私募股权基金和目标企业都具有法律效力，双方必须共同遵守。投融资协议除包括估值定价、董事会席位安排、投资方否决权和其他的公司治理结构、进入策略和推出策略等商业条款外，还有许多复杂的财务和法律条款，需要会计师和律师等专业人士参与谈判，以保护双方的合法权益，避免将来纠纷的产生。

投融资协议中的进入策略通常包括股权转让和增资扩股两种方式。

退出策略通常有股权转让、目标企业股东或者管理层回购、发行股票上市及清算等方式，其中，通过目标企业发行股票上市退出是投资回报收益最好的退出方式。

为被投企业提供增值服务

为被投资的企业提供的增值服务主要有：在被投企业的董事会中出任董事，出任企业咨询顾问，并对被投企业的各项重大决策提供帮助；为被投企业联系潜在客户，帮助拓展企业外部关系资源网，为企业新市场开拓及销售网络扩张、品牌建设提供国内、国际行业资源和帮助；帮助被投企业招募各类所需的高级管理人员，甚至是企业CEO；为被投企业提供后续融资支持；为企业发展计划、组织架构、财务管理等整体管理提升提供战略指导；在企业融资、合并、收购、重组、上市的过程中提供专业咨询和帮助等。

退出套现

这是最后一步也是最必不可少的一步，一切投资都是为了盈利退出。关于资本的退出，将在本书第 8 章进行详细的介绍。

投资主体的权益

新三板股权投资收益来源

新三板股权投资收益主要由三部分组成。

1. 股权投资的股息分红。如果企业成长性不错，并且健康经营，成为股东往往每年都会有经过公司股东大会审议通过的一定比例分红。
2. 在新三板市场交易的股票溢价收入。目前新三板的企业股权投资的市盈率明显低于主板和创业板，通过决策并交易之后获得溢价收入的可能性不低。
3. 企业转板上市后的股票溢价收入。一般而言，有很大机会获得之前基础上的 4~5 倍的收益，甚至更多的 10 倍左右，并且这种情况并不少见。

投资主体的权益结构

机构投资主体的权益结构通常会根据具体项目进行具体设计，在这里介绍私募基金普遍采用的形式，读者可以加以理解并举一反三。

我国本土私募投资机构的募资模式及投资风格逐渐形成了具有"中国特色"的发展路径。一些私募基金开始在基金投资收益模式上进行创新，出现参考信托产品普遍采用的"结构化概念"，将有限合伙人（Limited Partner，LP）分为优先和劣后两个级别。

举例说明，有限合伙制私募基金借鉴结构化模式，设置优先、劣后两种级别的 LP，出资比例 3：1，普通合伙人（General Partner，GP）在基金中出资 1%，每年收取管理费 2.2%。

投资退出的收益分配

投资项目开始退出后,投资收益分配顺序为:

(1) 先返还优先 LP 本金,优先 LP 本金收回后,继续对该类 LP 分配出资额 50% 的投资收益;
(2) 返还劣后 LP 本金;
(3) 返还 GP 本金;
(4) 上述分配完毕后,如还有剩余投资收益,优先、劣后 LP 和 GP 分别按 30%,45%,25% 分配。

从结构来看,劣后级 LP 和基金的 GP 为优先级 LP 提供了"安全垫",使其可以先行收回投入的本金,并获得出资额 50% 的投资回报。然而,也正是因为提供了"安全垫",且晚于优先 LP 参与投资收益分配,这两类出资人所承担风险加剧,对于投资收益预期也更高,劣后 LP 在剩余投资收益分配时将获得最大比重,而 GP 则将以 1% 的出资在剩余投资收益分配时获得其中 25% 的份额。

各类出资人回报水平

各类出资人回报水平随着基金回报倍数的增长而增长,但增速均逐步放缓。

优先 LP

在基金整体回报倍数达到 1.11 倍时,优先级 LP 即可收回本金并获得 50% 的投资收益,另外可在劣后 LP 和基金 GP 取回本金后参与分配剩余投资收益。与其他两类出资人比较,优先 LP 获得投资收益较早,但随着基金投资收益的增长,其回报水平明显低于其他两类出资人;与基金回报倍数比较,计算结果显示,此类 LP 自身的投资回报倍数不可能超过基金整体水平。

劣后 LP

在基金整体回报倍数达到 1.11 倍时,劣后 LP 可以开始在日后的项目退出时逐步取回自己的本金,并在基金回报达到 1.36 倍时收回所有本金;在基金回报倍数接近 1.9 倍时,此类 LP 自身回报倍数将开始超越优先 LP 以及基金整体水平,但将不会超过 GP 回报水平。

GP

当基金整体回报达到 1.36 倍时，GP 可以开始收回投入的本金。由于出资比例较小，从开始参与分配剩余投资收益起（即基金回报达到 1.37 倍左右时），GP 自身获得的回报倍数即高于优先和劣后 LP，甚至高于基金整体水平。此外，随着基金整体回报的增长，GP 投资回报倍数增速是三类出资人中放缓最慢的一类。

出现此类创新型的投资收益分配模式主要归因于不同情况下的 LP、GP 风险、收益诉求，主要针对有意愿参与私募投资但风险偏好较低的投资人。当然，在所承担风险相对降低的同时，其获得回报也相应减少。对比传统的 80/20 投资收益分配模式创新模式，优先 LP 可以尽快收回本金并获得一定比例的投资收益，然而在基金整体回报达到某一水平后，此类 LP 的回报将低于其在 80/20 模式下可能获得的投资收益。GP 方面，在创新模式下推迟参与基金投资收益分配，但一旦其开始参与，所获得投资收益将显著高于 80/20 模式下获得的回报。

投资分析的三大要素

所处产业前景

朝阳产业还是夕阳产业

所谓朝阳产业可以认为是新兴产业，具有强大生命力的，是技术的突破创新带动企业的产业，市场前景广阔，代表未来发展的趋势，一定条件下可演变为主导产业甚至支柱产业。但是风险性依然存在，如果技术周期预计错误，就会误入技术陷阱，使投资血本无归。

所谓夕阳产业是对趋向衰落的传统工业部门的一种形象称呼，指产品销售总量在持续时间内绝对下降，或增长出现有规则地减速的产业，其基本特征是需求增长减速或停滞，产业收益率低于各产业的平均值，呈下降趋势。

夕阳产业是一个相对的概念，事实上，正如郎咸平所说："没有夕阳产业，只有夕阳思维。"只要在危机中顶住压力，坚持创新升级，提高自身竞争力，夕阳产业也能够焕发出生机。

例如，电视曾是我们百分之八十的家庭不可缺少的角色，由它引发的中国客厅经济作用长达几十年。然而，无限风光的时代通常也就这么长，现如今的电视影响力已经不可与当年同日而语，互联网的到来给传统电视带来了冲击，用户大量往互联网内容转移，无处不在的自媒体时效优势和议程设置能力，新媒体的亲和力、互动性也不断蚕食电视份额。但一个行业的颠覆没落也不是那么容易的事，智能电视的概念可以帮助国内彩电企业摆脱掉夕阳产业的帽子。用创维集团总裁杨东文的话就是："互联网企业的介入，这让电视从一个夕阳产业变成了一个朝阳产业。"

是否是国民新经济增长点

新经济增长点是指在经济成长和产业结构演变过程中，能够带动整个国民经济上一个新台阶的新兴产业或行业。就是具有较大的市场需求和潜在的市场需求，成长性好、技术和资金密集度高，能够促进产业结构优化和升级，具有高技术附加值的新产品或服务。

一些发达国家通过高新产业来培植新经济增长点，如美国、日本和德国的政府和企业都将智能机器人产业作为未来经济发展新的增长点。根据国际机器人联盟（IFR）的预测，到2020年，智能机器人的保有量将超过1 500万台，产业规模将达到1.5万亿美元；届时，中国将成为全球最大的智能机器人市场。种种迹象表明，智能机器人井喷时代即将到来。

在近段时间里，美国谷歌公司陆续收购多家与智能机器人有关的技术公司，这引发了外界的广泛关注。该公司是目前世界上最具创新意识和研发能力的科技公司之一，虽然它最为人所熟知的业务范围是搜索、广告和云计算，但在最近却重金砸向智能机器人产业。谷歌进军智能机器人领域正是因为它看到了未来的技术制高点和经济增长点，因此它采取了新的发展模式，为其长远利益作打算。

是否能获得政府支持

不只是中央政府，还包括地方政府对于产业的政策条款。譬如2015年8月四川省政府印发《关于创新重点领域投融资机制鼓励社会投资的实施意见》，可谓是四川鼓励民间资本投资的"新10条"，明确提出生态环保、农业水利、市政设施、交通、能源设施、信息及民用空间设施、社会事业七个重点领域将对社会投资开放。鼓励符合条件的多元主体企业投资建设国家粮食储备库，允许社会资本跨地区、跨行业参与市政基础设施建设与运营，引入社会资本参与核电项目投资，鼓励民间资本进入核电设备研制和核电服务领域。

对于这种针对性很强的政策，要根据企业当地具体情况来深入了解，毕竟根据中国的国情，获得政府的支持就等于多了很多成功筹码。

是否具备可持续的技术革新潜力

可持续技术创新是指在一个相当长的时期内，持续不断地推出新的技术创新（含产品、工艺、原料、组织管理和市场等方面的创新）项目，并不断地实现创新经济效益的过程。

只有极少数人能够引领技术革新。在1929年美国史上最严重的经济危机爆发后几年间诞生的是尼龙，在经济低迷导致其他企业减少投资的背景下，美国杜邦公司持之以恒地进行开发，最终收获了丰硕成果。如今这种积极革新的力量正在重塑着许多传统行业，从零售到汽车再到房地产，越来越多的人开始积极地拥抱技术商业大潮，开始用自我颠覆的方式践行自我革新，信仰科技精神。

华为公司2015年的研发投入费用是人民币1 000亿元（2015财年收入约3 900亿人民币），折合约154亿美元，这是个什么概念呢？作为对比，苹果2015财年收入2 330亿美元，实际投入研发的费用为81.5亿美元，谷歌收入650亿美元，投入研发费用99亿美元，高通收入253亿美元，投入研发费用55.6亿美元。而在人力投入方面，目前华为的15万名员工中，就有多达7万名的研发人员。全球化的研发策略，是开放创新的必然。

在这一目标下，华为目前在中国以外，已经设立了16个独立研发中心，遍布北美、欧洲和亚太各个国家和地区。值得注意的是，华为海外研发中心所处的这些国家和地区，绝大部分的人力成本都高于中国、印度等国家。在高成本之外，华为看到的是分布在全球各地的最优秀的智慧资源，通过整合这些资源来保证持续创新的能力。

市场和客户

市场周期定位

市场生命周期是由兴起、成长、成熟和衰退四个不同的阶段所组成。只要存在市场竞争,只要存在商品交换,就必然要出现新产品。如果新产品的功能对原来的产品具备替代性,它就会替代老产品,这是一种必然。这种必然告诉我们,不管你如何运作,任何产品最终都要退出市场,只不过有的存在于市场的时间长一些,有的短一些。作为企业,只有不断地掌握这种规律性,及时地开发出顾客所需要的新产品,才能不断地赢得竞争优势。

对于和国内或国际经济波动相关性较强的行业,其中典型的周期性行业包括大宗原材料(如钢铁、煤炭等)、工程机械、船舶等,分析市场周期就显得更为重要。在市场周期中处于兴起或成长期的企业无疑要更具备竞争力和发展的潜力。

客户群定位

随着我国经济市场化程度的不断加深以及买方需求的多样化趋势,构成产业链的元素进一步分裂,市场细分成为了新世纪中国经济成熟的标志。为满足消费者日益细化的需求而衍生出许多细分行业,使单元产业的价值链条愈见加长。通吃产业链的产品已经成为过去时,针对部分消费者(目标客户群体)的细分需求进行产品定位方可打造企业的核心竞争力。

移动精准广告行业在2015年得到了爆发式发展。仙果广告(834136)作为游戏精准广告平台,专注于服务游戏开发者,为CP/发行商提供方便实用的数据分析工具和运营执行工具,协助运营人员获取数据中存在的信息,挖掘玩家的潜在需求,并快速采取相应的运营手段最大化玩家价值。在可见的未来,中国游戏市场潜力无限,而仙果广告依托于游戏市场精耕自作,抓住游戏开发者这个目标客户群体,进行细分定制方案,构建了强有力的核心竞争力,也令仙果广告在2015年财务状况大幅增长,净利润与上年同期增长了168.36%,营收增长78.84%,取得业内骄人成绩。

价值链定位

在许多的产业中，有的公司创造超出产业平均水平的高额利润，而有的公司却仅能维持很低的利润率，之间的差距揭示了产业利润的分布不平衡、不规则，利润主要集中在价值链的某些环节上。价值链定位是通过识别行业价值链，锁定利润区，进行重构价值链，集中公司主要资源于主要的环节，建立差别化战略，力争利润最大化。

譬如，在计算机行业，利润主要集中在芯片制造和软件领域。在化工行业利润则集中在生产领域。一般产品的利润则集中在销售领域。

首先识别企业所在价值链的利润区。分析评价上下游价值链和主要的价值活动，从中发现确定主要的利润区。其次要针对主要的利润区进行重构价值链，建立新的分销渠道和销售方法；前向一体化和后向一体化控制利润区；采用全新的技术。从而把主要的资源和技能集中在价值链利润区的主要环节活动上，进而获得巨额利润。如果企业属于价值链中的核心利润区，那么相对于价值链上其他部分的竞争优势就会大很多。

企业自身状况

股权投资的利润丰厚，回报可观。如果某企业已经开始准备上新三板，该公司股份一般不会再对外进行发售，只会针对内部高管、核心员工等发售，并会对风投、私募或者特定对象来融资。既然个人投资者很难买到新三板企业的股份，那么只能更多地依托机构，选择从事这方面经验丰富、业务熟悉、业务量多的机构，这样才更有保障。对于拟投资企业的自身状况，主要可以从以下几点来进行观察。

1. 企业经营情况。企业经营情况主要是指企业的生产经营现状，如销售收入、销售税金、利润总额等。
2. 企业负债情况。企业负债情况主要是指企业负债的额度，如企业资产总额、负债总额、资产净值等。
3. 主办券商实力。投资者要了解主办券商的实力，因为主办券商还负责对挂牌企业的持续辅导，所以多家券商已经提高了新三板立项标准。随着股转系统监管趋严、风险加大、工作量加大、后续持续督导工作多且收入与风险的不对等，导致了部分券商开始提高新三板挂牌要求。一般来讲，可以多加关注实力更好的券商推荐挂牌的企业。

4. 预测的股利。通过分析企业的财务数据以及过往分红记录,来预测企业分红的股利。股利越高说明资金使用效果越好。在选择企业时,股利高的可以优先考虑。

5. 溢价的比例。企业大多采取溢价发售的办法。溢价发售的比例越小,投资者的风险性越小,溢价发售的比例越大,给投资者造成的风险性就越大。因此,投资者一定要看溢价发售的比例。

第 5 章

新三板并购重组中的机会

第 5 章
新三板并购重组中的机会

在主板市场，对投行来说，并购重组业务是皇冠上的明珠，并且其业务能大面积推广，但在新三板这种并购重组机会俯拾皆是。2016 年新三板挂牌趋于严格，挂牌业务收紧使得不少券商把精力放在并购重组上。可以预见，2016 年至 2017 年，并购重组将是新三板最主要的趋势之一。为让读者更好把握趋势，深入浅出地介绍新三板并购重组情况和基本形式正是本章的主要任务。

新三板并购重组的现状和特点

新三板并购重组的现状

据不完全统计，2015 年全年，股转公司涉及完成并购重组的事项为 508 个，交易金额共计 127.55 亿元。而之前的 2014 年，整个新三板只有 35 个涉及资产重组的公告，总交易金额仅 14.91 亿元。2015 年新三板并购事件约为 2014 年全年总量的 10 倍。

按照这一趋势，今年新三板重组案例将上升到 1 700 多个，尽管在交易总量上还无法和 A 股市场相比，但在数量上，2016 年新三板市场的并购数有望超过主板市场。并购重组将成为新三板市场发展的下一个历史性机遇。

不仅在数量上实现了历史性突破，新三板企业也打破了之前"被并购"的格局，不仅仅只是扮演"选秀池"中的优质标的，而且在业内开展大规模的并购重组。更有甚者，如新三板挂牌企业华图教育（830858），在 2015 年曾经尝试通过并购上市公司 *ST 新都，以实现借壳上市，虽然最后由于风险和时间成本太高而中止了借壳计划，但是在新三板资本圈里已然形成了不小的话题。

我们可以看到，多层次资本市场中的并购重组形势或许在悄然发生变化，2015 年可谓是新三板市场并购的元年。

新三板市场并购重组呈现以下趋势。

新三板获得各路并购资金和机构的广泛关注

2015年新三板并购的数量和金额与过往的2013年和2014年比较有了几何级数的增加，新三板的并购已经不是零星的偶发现象。越来越多的人认为，新三板并购市场已经是一片"蓝海"。

新三板并购已经具备并购交易的所有形式和要素

与2013年和2014年相比，首先，新三板不单成为主板上市公司的并购池和选秀池，而且新三板公司开始试水，通过对主板上市公司的并购来借壳上市；其次，新三板公司并购支付开始采用换股，甚至采用换股加现金的形式。另外，2015年新三板公司被借壳也常有发生。

新三板并购的法律体系基本成熟，并体现出优势

2014年6月27日，证监会发布的《非上市公众公司收购管理办法》和《非上市公众公司重大资产重组管理办法》为新三板企业参与并购重组创造软环境。两个办法对非上市公众公司的并购行为在自愿要约价格、支付方式及履约保证能力方面给予了适当的放宽，增加了自主性及操作的灵活性，同时也丰富了支付手段，放开了"优先股"及"可转债"等支付方式。

此外，挂牌新三板企业在规范性方面与非公众公司相比要高出很多，并且通过挂牌增加了更多的曝光度，因此更受主板上市公司的青睐，这也是挂牌新三板在企业并购方面能够获得的优势之一。

新三板并购重组的特点

虽然与日益成熟完善的主板并购市场相比，新三板起步整体晚了2年左右。但基于市场自身2年来的积累和不断发展，2013年新三板扩容，2014年新三板并购萌芽起步，2015年新三板并购市场日趋成熟，并且呈现出与主板市场并购行为密切联系的火爆行情。

2014年和2015年上市公司的并购数量和金额急速增加带动了新三板并购业务的成长。据不完全统计，到2015年底，沪深两市上市公司共有3 933单并购重组案例发生，其中已经完成的并购重组共计1 374单，正在进行中的总共有2 463单，

而已经宣告失败的案例则达96单。整个上市公司并购市场的火热直接带动了新三板并购市场的发展。

新三板并购市场主要表现出以下特点。

公司数量庞大，为产业重组提供了绝佳平台

到本书截稿时止，新三板挂牌公司共有近8 000家，已经是上海市场的3倍和深圳市场的2倍，超过美国纳斯达克市场的30%。由于普通的中国企业对国外市场不熟悉，寻找海外标的存在各种困难和障碍，而过于早期没有业绩的公司又不符合并购方的要求，因此新三板市场虽然和过往比较并购成本提高了，但是上市公司和新三板挂牌公司不得不将新三板市场作为重要的并购战场。现在，没有挂牌但同时符合作为被并购标的的公司越来越少，所以新三板市场中好的并购标的更显珍贵。

实现对早期企业的价值发现功能

大多数初创企业都面临着融资难、整合难的困境，没有资金，就无法引进更先进的技术来提高生产力，不通过并购重组，就无法通过扩大规模降低边际成本。新三板的出现，为初创企业提供了新的融资平台。在这个平台上，企业将真实的信息披露给市场，形成相对公允的市场价值。企业借助自身的公允价值，采用"定增"或"定增+现金"的模式，以较低的成本实现产业并购。

随着做市制度实施及交易越来越活跃，新三板做市公司不甘于被并购，筹谋主动出击已成为这些公司的主流心态。

点点客（430177）以人民币8 000万元对价收购微巴100%股权时，其中以14元/股向交易对象发行416.9万股，以2 163万现金支付剩余对价。融资渠道拓宽，并购成本降低，让企业拥有了产业规模化的经济基础。有了低成本的并购基础，挂牌企业便开始"招兵买马"，把业内的好技术、好资源纳入囊中。市场发展源于市场本身的需求，而点点客更是在收购完成后一天暴涨95.66%，受到市场高度关注。

而新三板的并购狂潮也是源于新三板企业自身的发展需要。据了解，新三板并

购方向多是围绕着原有相关的行业，80% 以上的并购企业是进行产业链上下游整合或横向整合，少数企业选择多元化并购道路。

在融资方面具有制度优势

并购之前一般都需要融资，而新三板在定增方面相比主板存在不少优势，整体融资效率甚至高于主板市场。一是定增小额融资可以豁免核准，二是一次核准、多次发行的再融资制度可减少审批的次数。企业股东人数低于 200 人挂牌企业定增申报反馈周期不超过两周，股东人数超 200 人企业审核周期也较短，基本不到一个月就能得到相关批复。另外，新三板的融资工具比较多，证监会出台了很多政策，比如说发行公司债、私募债等。这些制度都给新三板挂牌企业融资并购提供了便利，使得新三板融资相对主板更快捷和灵活。

市盈率相对较低带来的低估值优势

经历了 2015 年上半年的火热行情后，受主板及资本市场整体影响，新三板市场也较为清淡，目前新三板市场整体 PE 约 24 倍左右，和主板市场比较仍有巨大的价差，因此收购新三板标的具备的套利空间是不小的。

新三板并购重组的方式和趋势

新三板并购重组的方式

"定增＋现金"

"定增＋现金"的并购模式出现，标志着新三板并购市场的形式和要素基本齐备。再次以新三板"移动互联网第一概念股"的点点客（430177）为例，其分别于 2014 年 7 月、9 月以及 2015 年 1 月两度发布定增方案，又公布了比前两次融资额之和更大的融资方案，以"定增＋现金"的方式收购微巴信息 100% 股权，交易对价为 8 000 万元，其中以 14 元/股价格向交易对象发行 416.91 万股股票，并以现金 2 163 万支付剩余对价。

"股权+现金"

"股权+现金"的模式是比较常见的,并且操作上也相对简单易行。例如,2015年11月,天弘激光(430549)公布的收购方案显示,将以2.3亿元的估值收购武汉逸飞激光100%的股权,其中股权支付88%,现金支付12%;完成收购后再对逸飞激光增资1 000万元,总交易金额2.4亿元。

"转让+定增"

转让与定增并行也是市场主流方式,收购方通过股份转让取得挂牌公司股东身份后,再通过定向增发提高在公司的持股比例,从而达到获得控制权的目的。例如,2015年6月道从科技发布公告,公司拟以3.2元/股,总计1 159.6万元的价格向深圳市盖娅网络科技有限公司和自然人王彦直出让362.375万股,同时承诺,转让完成之日12个月内以3.2元/股的价格转让其剩余持有的股份。道从科技股本为500万股,本次股权转让完成后,深圳盖娅成为道从科技的控股股东;王彦直合计持有、控制道从科技72.475%股份,为道从科技的实际控制人。成为公司控股股东以后,大股东又通过定向增发进一步提高持股比例。完成交易后的2015年9月24日,道从科技正式更名为盖娅互娱。

"股份置换"

"股份置换"即通常所说的换股,通过换股,收购方取得挂牌公司的控股权,同时,收购方控制的公司成为挂牌公司的子公司,收购同时完成资产注入。2015年6月,华信股份发布公告,以公司1.16亿股(约占总股本的47%)置换汇绿园林价值1.48亿元的(约占总股本的14.53%)股份,交易完成后,华信股份的主营业务将发生变化,形成以园林绿化工程施工、园林景观设计、苗木种植及绿化养护为核心的业务。同时,汇绿园林的董事长李晓明成为了华信股份的控股股东和实际控制人。

新三板并购重组的趋势

新三板未来的方向应该是向多元化的方向发展。随着投资对象的不同,决定对新三板市场并购和A股市场并购有很大的不一样,并购未来的方向是产业整合,通过并购实现业务、管理和战略上的协同。

兼并重组能提升新三板企业流动性

通过新三板同行业企业的并购，可以和这个行业里面上游或者下游的企业打造一个纵向的收购，壮大企业的实力，构建一个完整的产业链，这样非常有利于企业的发展壮大；新三板的企业和上市公司之间对相关行业进行纵向收购，同样也可以壮大新三板公司以及上市公司的发展实力。

通过上市公司以及其他的新三板公司合并收购，可以达到相对的在某个细分行业的垄断地位。比如在某个行业有几家公司合并之后，可以影响某个产品的定价，也可以对某些行业施加更大的市场影响。这些收购兼并都可以提升企业的流动性。未来新三板的并购重组是新三板绝大多数企业提供流动性的主要途径。

总之，不管是新三板市场还是主板市场，未来并购重组不会仅仅局限于新三板市场内部的并购，也不会局限于未来主板市场上的公司收购新三板公司，新三板的企业联合起来收购上市公司也会发生。

稀缺标的会成为并购热门

新三板市场挂牌企业数量众多，但多数企业规模和质量与主板同类型公司相比依然存在不小的差距，无论是作为并购主体还是被并购标的在内，在价值方面均没有特别优势。而由于制度优势和极大的包容性，新三板上拥有一批主板上没有的稀缺性标的企业，如互联网金融、PE投资机构等。未来这一类有稀缺概念的新三板公司可能会成为收购的主要标的。这个稀缺性是指部分公司在某些行业具有稀缺性的技术或资产，它已经成为了某个细分行业的龙头企业，这样的公司都很有可能被主板并购。

产业链整合将成为主要并购目的

并购的目的是为了实现并购主体与标的之间的资源整合和协同性，产生1+1>2的效果。而围绕一个平台型公司的上下游产业链进行并购整合，通过品牌或技术输出实现效率的极大提升，降低交易成本，这将成为未来新三板市场产业并购的一个重要方向。资本为实体经济服务，通过并购整合实现企业在所处的整个产业链中具有更强的竞争实力和优势，达到企业自身业务的内生式增长和产业疏离后的外延式扩张双轮渠道。

新三板目前的发展速度非常快，7 000多家企业所属行业基本覆盖了主板的所有领域。然而，新三板市场的流动性和主板相比差距很大。流动性问题的解决一方面依赖于制度的改善，如分层制度、竞价交易、降低投资人门槛等，而更重要的一个方面是提升挂牌企业本身质量，实现企业的优胜劣汰和资源互补，而并购重组将成为提升企业质量的有效手段。

另外，相对于主板市场，新三板在并购手段和模式上拥有更多灵活性，一些具有创新精神的投资机构在新三板上想象力可以得到充分施展。

挂牌之前的并购重组和交易模式

企业上市前资本运作目的很简单：一是通过重组并购方式扩大企业规模，获得行业竞争优势，提高产品市场占有率；二是通过对已上市公司股权投资、股权置换等方式间接上市，当对已上市公司的控股比例达到一定的控制地位时，便举牌收购，成为正式上市公司控制人。

一般的资本运作模式有以下几种。

并购重组

并购重组就是兼并和收购的意思，一般是指在市场机制作用下，一企业为了获得其他企业的控制权而进行的产权交易活动。并购重组是搞活企业、盘活企业存量资产的重要途径。我国企业并购重组，多采用现金收购或股权收购等支付方式进行操作。常见并购重组的方式有以下几种。

100% 接纳

并购方将被并购企业的资产与债务整体吸收，进行接纳后再进行资产剥离，盘活存量资产，清算不良资产，通过系列重组工作后实现扭亏为盈。

这种方式主要适用于具有相近产业关系的竞争对手，还可能是产品上下游生产链关系的企业。由于并购双方兼容性强、互补性好，并购后既扩大了生产规模，人、财、物都不浪费，同时减少了竞争对手之间的竞争成本，还可能不用支付太多并购资金，甚至是零现款支出收购。如果这种并购双方为国企，还可能得到政府在银行贷款及税收优惠等政策支持。

剥离不良资产，只接纳优质资产

并购方只接纳被并购企业的资产、技术及部分人员，剥离不良资产，对多余人员由被并购企业用出让金进行补偿，在处置完企业残值后自谋出路。

这种方式必须是并购方具有一定现金支付实力，而且不需要承担被并购方债务的情况下才可能实施。

股权投资

股权投资是指投资方通过投资拥有被投资方的股权，投资方成为被投资方的股东，按所持股份比例享有权益并承担相应责任与风险。常见股权投资方式有以下几种。

流通股转让

公众流通股转让模式又称为公开市场并购，即并购方通过二级市场收购上市公司的股票，从而获得上市公司控制权的行为。虽然在证券市场比较成熟的西方发达国家，大部分的上市公司并购都是采取流通股转让方式进行的，但在中国通过二级市场收购上市公司的可操作性却并不强，先行条件对该种方式主要有以下三个方面的制约因素。

1. 上市公司股权结构不合理。不可流通的国家股、有限度流通的法人股占总股本比重约70%，可流通的社会公众股占的比例过小，这样使得能够通过公众流通股转让达到控股目的的目标企业很少。
2. 现行法规和监管制度对二级市场收购流通股有严格的规定。其中突出的一条是，收购中，机构持股5%以上需在3个工作日之内作出公告，举牌以及以后每增减2%也需作出公告。这样，每一次公告必然会造成股价大幅波动，使得在二级市场收购流通股的成本很高，完成收购的周期也变得很长。如此高的资金和时间成本，抑制了此种形式的操作运用。
3. 我国股市规模过小，而股市外围又有庞大的资金堆积，使得市盈率居高不下，股价过高。对收购方而言，肯定要付出较大的成本才能收购成功，往往得不偿失。

非流通股转让

股权协议转让指并购公司根据股权协议转让价格,受让目标公司全部或部分产权,从而获得目标公司控股权的并购行为。股权转让的对象一般指国家股和法人股。股权转让既可以是上市公司向非上市公司转让股权,也可以是非上市公司向上市公司转让股权。这种模式由于其对象是界定明确、转让方便的股权,无论是从可行性、易操作性和经济性而言,公有股股权协议转让模式均具有显著的优越性。

这种方式有以下优点。

1. 我国现行的法律规定,机构持股比例达到发行在外股份的 30% 时,应发出收购要约,由于证监会对此种收购方式持鼓励态度并豁免其强制收购要约义务,从而可以在不承担全面收购义务的情况下,轻易持有上市公司 30% 以上股权,大大降低了收购成本。
2. 目前在我国,国家股、法人股股价低于流通市价,使得并购成本较低;通过协议收购非流通的公众股不仅可以达到并购目的,还能做低收购成本。

资产置换股权的模式

被兼并企业的所有者将被兼并企业的净资产作为股金投入并购方,成为并购方的一个股东。并购后,目标企业的法人主体地位不复存在。

1. 并购中,不涉及现金流动,避免了融资问题。
2. 常用于控股母公司将属下资产通过上市子公司"借壳上市",规避了现行市场的额度管理。

资产置换式重组模式

企业根据未来发展战略,用对企业未来发展用处不大的资产来置换企业未来发展所需的资产,从而可能导致企业产权结构的实质性变化。

1. 并购企业间可以不出现现金流动,并购方无须或只需少量支付现金,大大降低了并购成本。
2. 可以有效地进行存量资产调整,将公司对整体收益效果不大的资产剥掉,将对方的优质资产或与自身产业关联度大的资产注入,可以更为直接地转变企业的经营方向和资产质量，且不涉及企业控制权的改变。

其主要不足是在信息交流不充分的条件下，难以寻找合适的置换对象。

以债权换股权模式

并购企业将过去对并购企业负债无力偿还的企业的不良债权作为对该企业的投资转换为股权，如果需要，再进一步追加投资以达到控股目的。

1. 债权转股权，可以解决国企由于投资体制缺陷造成的资本金匮乏、负债率过高的"先天不足"，适合中国国情。
2. 对并购方而言，也是变被动为主动的一种方式。

合资控股模式

合资控股模式又称注资入股，即由并购方和目标企业各自出资组建一个新的法人单位。目标企业以资产、土地及人员等出资，并购方以技术、资金、管理等出资，占控股地位。目标企业原有的债务仍由目标企业承担，以新建企业分红偿还。这种方式严格说来属于合资，但实质上出资者收购了目标企业的控股权，应该属于企业并购的一种特殊形式。

1. 以少量资金控制多量资本，节约了控制成本。
2. 目标公司为国有企业时，让当地的原有股东享有一定的权益，同时合资企业仍向当地企业缴纳税收，有助于获得当地政府的支持，从而突破区域限制等不利因素。
3. 将目标企业的经营性资产剥离出来与优势企业合资，规避了目标企业历史债务的积累以及隐性负债、潜亏等财务陷阱。

投资控股模式

上市公司对被并购公司进行投资，可将其改组为上市公司子公司。这种以现金和资产入股的形式进行相对控股或绝对控股，可以实现以少量资本控制其他企业并为我所有的目的。

上市公司通过投资控股方式可以扩大资产规模，推动股本扩张，增加资金募集量，充分利用其"壳资源"，规避了初始的上市程序和企业"包装过程"，可以节约时间，提高效率。

杠杆收购模式

收购公司利用目标公司资产的经营收入，来支付兼并价金或作为此种支付的担保。换言之，收购公司不必拥有巨额资金，加上以目标公司的资产及营运所得作为融资担保、还款资金来源所贷得的金额，即可兼并任何规模的公司，由于此种收购方式在操作原理上类似杠杆，故而得名。杠杆收购20世纪60年代出现于美国，之后迅速发展，80年代已风行于欧美。具体说来，杠杆收购具有如下特征。

1. 用以收购公司的自有资金与收购总价金相比微不足道，前后者之间的比例通常在10%~15%。
2. 绝大部分收购资金系借贷而来，贷款方可能是金融机构、信托基金甚至可能是目标公司的股东。
3. 用来偿付贷款的款项来自目标公司营运产生的资金，即从长远来讲，目标公司将支付它自己的售价。
4. 收购公司除投入非常有限的资金外，不负担进一步投资的义务，而贷出绝大部分并购资金的债权人，只能向目标公司求偿，无法向真正的贷款方——收购公司求偿。实际上，贷款方往往在被收购公司资产上设有保障，以确保优先受偿地位。

战略联盟模式

战略联盟是指由两个或两个以上有着对等实力的企业，为达到共同拥有市场、共同使用资源等战略目标，通过各种契约而结成的优势相长、风险共担、要素双向或多向流动的松散型网络组织。根据构成联盟的合伙各方面相互学习转移，共同创造知识的程度不同，传统的战略联盟可以分为两种——产品联盟和知识联盟。

产品联盟

在这种合作关系中，短期的经济利益是最大的出发点。产品联盟可以帮助公司抓住时机，保护自身，还可以通过与世界其他伙伴合作，快速、大量地卖掉产品，收回投资。

例如，在医药行业，我们可以看到产品联盟的典型。制药业务的两端代表了格外高的固定成本，在这一行业，公司一般采取产品联盟的形式，即竞争对手或潜在竞争对手之间相互经销具有竞争特征的产品，以降低成本。

知识联盟

以学习和创造知识作为联盟的中心目标，它是企业发展核心能力的重要途径；知识联盟有助于一个公司学习另一个公司的专业能力，有助于两个公司的专业能力优势互补，创造新的交叉知识。与产业联盟相比，知识联盟具有以下三个特征。

1. 联盟各方合作更紧密。两个公司要学习、创造和加强专业能力，每个公司的员工必须在一起紧密合作。
2. 知识联盟的参与者的范围更为广泛。企业与经销商、供应商、大学实验室都可以形成知识联盟。
3. 知识联盟可以形成强大的战略潜能。知识联盟可以帮助一个公司扩展和改善它的基本能力，有助于从战略上更新核心能力或创建新的核心能力。

事实上，战略联盟模式是企业在挂牌新三板之前的主要并购模式，不少企业都会通过并购或收购价值链上下游或同质企业来拓展经营，提升业绩，作出漂亮的财务数据报表。

反向收购，借壳上市

新三板公司收购上市公司壳

直白地说，借壳上市就是将上市的公司通过收购、资产置换等方式取得已上市公司的控股权，这家公司就可以以上市公司增发股票的方式进行融资，从而实现上市的目的。

与一般企业相比，上市公司最大的优势是能在证券市场上大规模筹集资金，以此促进公司规模的快速增长。因此，上市公司的上市资格已成为一种"稀有资源"，所谓"壳"就是指上市公司的上市资格。有些上市公司由于机制转换不彻底，不善于经营管理，其业绩表现不尽如人意，丧失了在证券市场进一步筹集资金的能力。要充分利用上市公司的这个"壳"资源,就必须对其进行资产重组,买卖上市和借壳上市就是更充分地利用上市资源的两种资产重组形式。而借壳上市是指上市公司的母公司(集团公司)通过将主要资产注入上市的子公司中,来实现母公司的上市。

要实现借壳上市,或买壳上市,首先必须要选择壳公司,要结合自身的经营情况、资产情况、融资能力及发展计划进行选择。选择规模适宜的壳公司,壳公司要具备一定的质量,不能具有太多的债务和不良债权,具备一定的盈利能力和重组的可塑性。接下来,非上市公司通过并购,取得相对控股地位,要考虑壳公司的股本结构,只要达到控股地位就算并购成功。其具体形式可有三种。

1. 通过现金收购,这样可以节省大量时间,借壳完成后很快进入角色,形成良好的市场反应。
2. 完全通过资产或股权置换,实现"壳"的清理和重组合并,容易使壳公司的资产、质量和业绩迅速发生变化,很快实现效果。
3. 两种方式结合使用,实际上大部分借"壳"或买"壳"上市都采取这种方法。

非上市公司进而控制股东,通过重组后的董事会对上市壳公司进行清理和内部重组,剥离不良资产或整顿提高壳公司原有业务状况,改善经营业绩。

目前希望买壳和借壳上市的新三板挂牌企业并不是少数,并且都在积极运作中,如华图教育和九鼎投资等,有运作没成功的,也有还在等监管机构核准的。相信在不久的将来,应该会出现成功借壳上市的第一家新三板挂牌公司。

新三板挂牌的壳公司被收购

买壳挂牌新三板,是在有新三板上市资格的国家级高新科技园区内,收购(买壳)一个有限责任公司或高新企业公司,这个公司可以是高新企业,也可以不是高新企业。如果不是高新企业的公司,收购该公司时也会要求持续经营两年以上,主营业务突出,有技术专利或符合申请高新技术企业的著作权等,账面净资产须与实际相符,无债权债务等,总体上要符合上市新三板前依法改造的条件。所以,收购的公司(买壳)都是质量很好的公司,不会给后期上市新三板和正常经营带来麻烦。

买壳上市新三板与传统的买壳上市(反向收购)不同,传统的买壳上市是收购

（买）一家在主板、中小板、创业板中上市公司的一定比例的股权，进而达到控制公司决策的目的，利用该公司在证券市场上融资的能力进行融资，为企业的发展服务。而买壳挂牌新三板，在以下三个方面有些区别。

一是与传统买壳上市过程相同，收购在新三板挂牌公司的股份，达到控股的目的。之后将壳公司原有的不良资产剥离，再将优质资产注入壳公司，使壳公司的业绩发生根本的转变，从而使壳公司达到增发融资资格或转板上市创业板资格。如果公司的业绩保持较高水平，公司就能以很高的估值直接或间接在银行进行股权质押贷款。

二是买（收购）一个符合新三板挂牌条件的公司，之后进行法人变更等，依照法律程序由主办券商指导申请办理挂牌。之所以称为买壳，实际上是买一个营业执照、财务数据、高新技术企业资格和账面固定资产。

三是收购一家中关村高新园区内的高科技公司按新三板上市条件依法进行改造和完善，在达到新三板挂牌条件后向主办券商提出上市申请，由主办券商启动新三板挂牌程序。

买一个新三板壳是否值得，这取决于企业的战略发展需要。对于大多数企业来说，买壳上市既是一次有充分准备的周密计划，也是一次性价比很高的战略跳板。通过买壳上市的企业获得的好处很多，因此一旦运作成功一次的企业往往不仅会在国内上市，在国外也会上市。

九鼎的教科书式经典借壳运作

在中国的资本市场中，从没有PE成功登陆过A股。而新三板PE大佬九鼎投资在2015年的一系列资本运作，令它离主板看起来只一步之遥了。

2015年5月，九鼎集团通过竞价，以41.5亿元收购中江地产母公司中江集团100%的股权，从而间接持有上市公司72%的股份，获得中江地产实际控制权。中江地产与九鼎投资和拉萨昆吾已完成本次交易标的资产的过户工作，公司已合法拥有昆吾九鼎100%股权。

2015年9月，九鼎投资（中江地产更名为九鼎投资）通过现金支付的方式以90 986.21万元购买九鼎投资（公司控股股东中江集团之控股股东）及拉萨昆吾（九鼎投资全资子公司）合计持有的昆吾九鼎100%股权，从而完成旗下私募股权投资业务注入A股上市公司。根据昆吾九鼎于2015年12月1日取得的《营业执照》及工商变更登记资料，昆吾九鼎企业类型变更为有限责任公司，昆吾九鼎已经成为公司的全资子公司。公司于2015年12月2日召开第六届董事会第十九次会议，审议通过了《关于公司名称变更的议案》：鉴于公司本次重大资产购买暨关联交易已实施完毕，且根据公司经营发展需要，公司拟将名称由"江西中江地产股份有限公司"变更为"昆吾九鼎投资控股股份有限公司"，形成房地产和私募股权投资管理并行的业务发展模式。

2015年11月，九鼎投资发布非公开发行预案，拟向九鼎集团、拉萨昆吾及中江定增1号募集资金120亿元，前两者认购不超过115.6亿元，募集资金主要实施私募股权投资及"小巨人"计划。本次非公开发行股票事宜尚需获得中国证监会核准。

根据九鼎投资挂牌新三板的公开转让说明书显示，在九鼎投资登陆新三板之时，昆吾九鼎实际上便是九鼎投资的经营主体。彼时九鼎投资是一家私募投资机构而并不是金控平台，当时的业务基本通过昆吾九鼎实施。根据公开转让说明书披露，九鼎投资在2013年报99%以上的营业收入来自于昆吾九鼎。

换句话说，昆吾九鼎的业务基本就是九鼎投资的全部业务，而公开转让说明书披露的所有业务基本来自昆吾九鼎。

2016年2月3日，公司收到《中国证监会反馈意见通知书》，其中问询关键在于，先现金购买大股东资产，再向大股东发行股份募集资金方案设计的理由，是否构成私募股权投资业务的借壳上市，以及相关资金的来源与投向等方面，具体如下。

1. 详细说明采用先现金收购大股东资产，再向大股东发行股份募集资金而未采用发行股份购买资产并募集配套资金的形式完成资产收购及募集资金的实际原因，上述交易安排是否存在规避监管的情形。

2. 明确说明前述资产购买及本次增发行为，本质上是否已构成私募股权投资业务的借壳上市，相关交易安排是否符合《上市公司重大资产重组管理办法》中金融类企业借壳上市的相关规定。

3.新三板挂牌企业九鼎集团为九鼎投资的控制人,九鼎集团曾于2015年5月发布公告,于新三板募集资金100亿元,并于2015年11月完成募集。2015年11月,申请人发布非公开预案,九鼎集团及其子公司拉萨昆吾将认购不超过115.6亿元。请保荐机构核查九鼎集团及拉萨昆吾认购本次非公开发行的资金来源。请核查九鼎集团是否存在向九鼎投资增资的安排,如无,请保荐机构补充核查九鼎集团于新三板募集资金的披露用途、实际用途及目前的使用情况;如有,请核查九鼎集团的资金用途与前次募集的信息披露内容是否一致,九鼎集团募集资金用途是否符合相关法规规定。

2016年2月22日,证监会的问询均直接点出了方案设计的某些"创新"点,九鼎的回复也对此作出以下回应。

1.指出未采用常规的发行股份购买资产及募集配套资金方式的理由为:发行股份购买资产及募集配套资金的规模有限,不能满足资金需求。事实也如此,本次重大资产购买作价9亿元,而非公开发行募集资金不超过120亿元,重大资产购买的交易金额仅为募集资金的7.58%。

2.九鼎投资否认存在规避监管的情形,表示现金购买大股东资产和向大股东等特定对象发行股份募集资金,两者虽"同时筹划,同时审议",但却是"互为独立,分步实施"。同时,自控制权发生变更后,发行人累计向九鼎集团及其关联方购买的资产总额占发行人控制权变更的前一个会计年度经审计的合并财务报表期末资产总额的55.36%,未达100%,本身也没有构成借壳上市。

3.九鼎投资肯定了九鼎集团的资金运用与前次募资的信息披露内容一致,并且资金用途符合相关法规规定。此外,九鼎投资在回复函中运用了大量篇幅说明了"小巨人"计划的具体内容,并指出该计划主要是由昆吾九鼎和优秀专业人士及其团队共同出资设立投资管理机构,开展某一项或几项具体细分领域的投资管理业务。

昆吾九鼎的基金认缴金额规模达到300多亿元,已投资项目IRR达到30%以上,是国内私募股权投资行业的龙头企业。根据公司战略规划和120亿定增募投项目,远期昆吾九鼎的基金规模将扩大至600亿~800亿元。此外,昆吾九鼎现有团队人员因本次重大资产购买实施完毕后已整体并入公司，并将通过"小巨人"计划等方式绑定专业投资管理人利益，形成有效的激励机制。

虽然截至目前，方案依然未获得最终通过，九鼎投资也在停牌等待中。但九鼎究竟是否能够通过这次精彩的资本运作借壳登陆A股，应该不久就会水落石出。不管怎样，人们相信，即使这次借壳不成功，九鼎也不会停止扩张版图、征战A股、打造九鼎资本帝国的脚步。

第6章

新兴产业的新三板投资

第6章
新兴产业的新三板投资

投资是要看未来回报的,所以必然要面向未来寻找趋势,需要看清非常宏观的问题。但是这对于绝大多数人而言并非易事。幸运的是,国家制定的发展规划可以让我们有迹可循,本章依据国家制定的战略新兴产业规划,结合相关热点,来分行业介绍概览和其中的企业代表,透过解读独具特色的企业情况,对新三板有较直观的把握。

宏观形势下的新兴产业前瞻

创新是发展的关键,政府是创新的关键

目前,中国已经是全球第二大经济体,人均 GDP 的持续增长体现在居民劳动收入的普遍增长和居民生活水平的不断提高。中国越来越走向繁荣,就越来越远离基于低劳动成本的经济战略。在创新基础上实现技术和管理升级,以便在劳动成本上涨的情形下保持具有国际竞争力的价格,就成为经济转型的当务之急。

创新需要高投资水平,以实现技术进步。而政府在这里扮演了至关重要的角色,它不仅仅是提供规划,更重要的是真金白银地投入。英国《金融时报》首席经济评论员马丁·沃尔夫在文章里说过:"创新取决于勇往直前的企业家精神,但是甘冒最大风险并作出最大突破的并不是私营部门,而是政府。例如,美国国家科学基金会资助了 Google 搜索引擎算法的研究;对苹果公司的早期资助也是来自美国政府所属的小企业投资公司,使 iPhone 更加'智能'的所有技术也是国家资助的。"

因为根本性的科技创新具有很大的不确定性,并且耗时长、成本高,所以私人公司不能也不想承担这样高昂的成本,部分原因是他们对是否能收获果实没有把握,另一部分原因是预期中的果实存在于遥远的未来。所以,在创新的推动过程中,政府的作用尤为关键和重要。

马祖卡托在《创业型国家》一书中也提到:"使乔布斯的 iPhone 如此智能的所

有技术都是政府资助的（互联网、地理信息系统、触摸屏显示器和最近的 SIRI 语音助手）。这种蕴涵着极大风险的慷慨投资绝不会因'风险资本家'或'车库创业者们'的存在而出现。是政府这只看得见的手促成了这些创新的发生。假如我们坐等市场或企业靠自己的力量去做这件事，而政府只是袖手旁观，仅提供基础服务，创新就不可能发生。"

再以已经深入我们生活的互联网为例，它最初是美国国防部高级研究计划局为了将五角大楼军用计算机相互连接起来而开发的"阿帕网"，目的在于增强美国军方计算机网络在遭受核打击后的生存能力，于 1969 年正式启用。

因此，在研发领域起决定作用的是国家引导下的大企业。即便在关键性技术创新主要由小型"初创企业"产生的情形下，这些成果也主要是在依托国家资助的大型科研机构的背景下取得的，因为只有大型科研机构才拥有高科技行业基础性研发活动所必需的财务资源。起家于"车库"或企业孵化器的初创企业之所以能够存在，正是因为这些"车库"或企业孵化器紧靠大型的，特别是国家扶持的科研机构。世界上最著名的案例——硅谷及其与斯坦福大学的密切关系就体现了这一趋势，其他国家也有类似的情况。

经济转型背景下的国家新兴产业战略

2014 年 6 月 3 日，国家主席习近平在 2014 年国际工程科技大会上的主旨演讲中指出，信息技术、生物技术、新能源技术、新材料技术等交叉融合正在引发新一轮科技革命和产业变革。信息技术成为率先渗透到经济社会生活各领域的先导技术，将促进以物质生产、物质服务为主的经济发展模式向以信息生产、信息服务为主的经济发展模式转变，世界正在进入以信息产业为主导的新经济发展时期。生物学相关技术将创造新的经济增长点，基因技术、蛋白质工程、空间利用、海洋开发以及新能源、新材料发展将产生一系列重大创新成果，拓展生产和发展空间，提高人类的生活水平和质量。绿色科技成为科技为社会服务的基本方向，是人类建设美丽地球的重要手段。能源技术发展将为解决能源问题提供主要途径。

战略性新兴产业规划面世后，各个领域的具体发展规划也陆续出台，中央和地方加以配套支持政策，业内人士把这一宏大规划看作是我国政府启动的最大规模的产业计划之一，而这一计划已瞄准发展结构的根本转变。在以下七大领域中，每一个大的领域中又确定了具体的分项。

1. 在**"节能环保"**领域,将重点突破高效节能、先进环保、循环利用。
2. 在**"新兴信息产业"**领域,将聚焦下一代通信网络、物联网、三网融合、新型平板显示、高性能集成电路和高端软件。
3. 在**"生物产业"**领域,将主要面向生物医药、生物农业、生物制造。
4. 在**"新能源"**领域,核能、太阳能、风能、生物质能将领衔。
5. 在**"新能源汽车"**领域,主要发展方向确定为插电式混合动力汽车和纯电动汽车。
6. 在**"高端装备制造业"**领域,提出了重点发展航空航天、海洋工程装备和高端智能装备。
7. 在**"新材料"**领域,分列了特种功能和高性能复合材料两项。

"十三五"时期战略性新兴产业要重点培育形成以集成电路为核心的新一代信息技术产业、以基因技术为核心的生物产业以及绿色低碳、高端装备与材料、数字创意等突破十万亿规模的五大产业。《"十三五"规划纲要(草案)》提出,要支持战略性新兴产业发展,瞄准技术前沿,把握产业变革方向,围绕重点领域,优化政策组合,拓展新兴产业增长空间,抢占未来竞争制高点,使战略性新兴产业增加值占国内生产总值比重达到15%。

战略性新兴产业对经济社会全局和长远发展具有重大的引领和带动作用。从全球范围来看,新兴产业日趋规模化、效益化,并有望成为带动全球经济复苏的重要引擎。信息技术仍是各国发展新兴产业的枢纽性技术,未来将进一步发挥基础和支撑作用。新一代宽带网络、智慧地球、云计算等新技术、新应用,极有可能成为推动整个信息产业突破式发展的重要力量。此外,信息技术同时还将带动互联网、物联网、电子商务、文化创意等多个产业强劲增长,创造新的商业模式。

新三板主要新兴产业概览

如上所述,新兴产业的创新发展主要是以政府主导的大企业为主力军,而新三板市场主要是中小微企业,但是仍然可以在新兴产业通过耕耘细分领域,依托大企业的规模经济和范围经济的产业链和价值链平台,"好风凭借力",实现自身的蓬勃发展,"上青云"也未尝不可。以下按照不同的热点行业来对新三板进行概览。

节能环保行业

目前我国每年全社会环保投资已接近1万亿元,"十三五"期间环保投入预计将增加到每年2万亿元左右,社会环保总投资有望超过17万亿元。环保产业具有资金需求量大、投资回报周期长的特点,难以单纯依靠财政投资、银行贷款满足资金需求,环保企业通过股权融资的方式拓展融资渠道成为其良性发展的必由之路。在国家高度重视环境保护的大背景下,资本市场对于环保行业的认可度和投资热情愈发高涨。可以说,我国的环保行业迎来了最好的时代,而新三板也获得了更多的机遇。就新三板而言,近两年环保类挂牌企业成爆发式增长的态势,并呈现以下特点。

环保企业挂牌数量近两年爆发式增长,远超传统行业

2013年以前,无论整个市场还是环保行业,挂牌的企业数都相对较低,环保企业数常年基本无增长。2014年,新三板扩容,整个新三板市场挂牌企业数量激增。环保行业自2014年起也同样开启了新三板挂牌热潮,到2015年底,由最初的一两家挂牌企业激增到250家左右。随着国家对环境保护的重视程度提升,新三板环保企业占比总体呈上升趋势,近两年环保企业占比维持在挂牌企业的5%左右。

从数量上看,环保行业挂牌企业远高于传统行业。截至2016年4月底,新三板环保挂牌企业数量高达330家,高于房地产、汽车、家电行业之和。究其原因,除了政策利好之外,环保行业相对较高的技术性和创新性也使得其在新三板市场中有更为广阔的空间。

环保企业分布于29个省市,企业数量居于前五的省市分别为北京市(50家)、江苏省(48家)、浙江省(31家)、山东省(28家)和上海市(28家)。总的来看,新三板挂牌环保企业地区分布相对不平衡,北京市、江苏省、浙江省、上海市四地为创业创新企业的汇聚地,科技型中小企业较多。山东省一直以来是全国最大的环保市场之一,区域资源多,政策支持力度强,因而也成为新三板挂牌环保企业的聚集地。

节能、环保设备、水处理三大细分行业占比过半,固废处理、大气污染治理行业市盈率最高

从细分行业占比来看,占比较高的几个行业分别是:节能行业,占比为23.3%;环保设备供应行业,占比为17.2%;水处理行业,占比为16.6%;综合行业(企业

主要涉及水处理、大气污染治理和固废处理三个细分行业），占比为 14.4%；固废处理，占比为 9.5%。

总体来看，环保各细分行业的企业盈利情况良好。2015 年环保各细分行业盈利企业数均达 71% 以上，噪声治理行业的两家企业均盈利，水处理行业的盈利企业数高达 90.7%。

高端装备机器人领域

近年来，我国机器人产业快速发展，目前已成为全球最大的机器人市场。与此同时，机器人已经成为资本市场上最炙手可热的概念。对于中国机器人企业而言，由于起步晚、关键零部件技术掣肘等原因，国内机器人企业普遍规模较小。在 430 余家机器人及其关联企业中，规模最大的不过 30 亿左右，95% 的机器人企业年产值不过 1 亿，而大部分均为营业收入几千万的企业。资金紧缺、融资难、融资贵等问题，一直制约着中小机器人企业的发展，但创业板的苛刻条件又让这类企业望尘莫及，而新三板则为国内中小机器人企业提供了一个有效融资平台。

目前，机器人主要分为工业机器人、服务机器人和特种机器人三类。从产业链看，产业上游是零部件，包括伺服电机、减速器、控制器、传感器；中游是机器人本体；下游是系统集成。工业机器人最初主要应用于汽车制造业，用于点焊和弧焊。

国内机器人企业按在行业所处的阶段可以分为以下三类。

1. 进入企业相对早，规模相对大，发展基础好。
2. 行业切入点好，发展潜力大，具有自身特色在细分市场上竞争力较强。
3. 进入行业时间晚，但小而灵活，把握市场需求，成长性好。该类企业是新三板机器人概念企业的主要代表。

截至 2015 年底，新三板上涉及机器人的企业总共有 39 家，主要分为工业机器人和服务型机器人两类。但由于市场竞争加剧、原材料价格波动等多种因素的作用，而涉足机器人业务时间较短，机器人处于研发、试用阶段，或者是相关项目尚未达产，导致机器人相关业务对其利润的贡献微乎其微。在净利润实现增长的新三板机器人公司中，大多数企业的机器人相关业务对当期业绩并没有起到明显的拉动作用。目前在众多新三板机器人概念股中，只有沃迪装备、拓斯达、伯朗特三家企业以机器人为主业，可以称之为较为"纯正"的机器人概念股。

生物医药领域

与A股上市公司相比，新三板医疗保健挂牌公司在行业分布、盈利、估值上均表现出一定的特殊性。截至2015年4月底，新三板医疗保健行业挂牌企业420家，做市95家。新三板按照投资二级分类中的制药、生物科技和生命科学类统计，共有挂牌企业227家，总市值1 223亿元，市盈率33.61，做市活跃度在所有行业中处于中等。

新三板医药上市公司行业分布及特点是：挂牌公司行业分布中，医疗器械行业占据绝对优势，共有49家公司，包括诊断试剂、耗材和医疗设备；医疗服务行业的公司数量占比远远高于主板，共有8家医疗机构和10家CRO企业；挂牌公司平均收入规模和净利润规模相对较小，挂牌公司平均动态市盈率为45~55，相对主板有估值折价。此外，生物医药挂牌企业的定增如火如荼，挂牌公司定增数量和募资金额呈现爆发式增长。

与主板相比，新三板的医疗保健企业的子行业分布更均衡。其中制药类、医疗保健设备与用品（器械类）和生物科技三个子行业企业数量最多，占新三板全部医疗保健挂牌企业比重分别达到36%、31%和23%。而在A股上市医药保健公司中，制药类一家独大，将近70%的公司均为制药类企业。

教育行业

新三板教育板块交易活跃度在2015年呈现震荡回暖趋势。2015年以来，63家新三板挂牌教育企业总成交量为2.85亿股，总成交金额为51.37亿元，其中22家做市转让企业贡献了约84%的成交量与98%的成交额。2015年新三板教育板块挂牌企业成倍增长，定增活跃。新三板教育行业挂牌企业63家，对比年初的28家，新增35家；共有23家开展了定增募资，累计募集资金14.78亿元，较2014年的1.04亿元大幅增长。

新三板教育板块成长性突出，存在明显估值折价，在线教育受热捧。新三板教育企业收入规模、净利润的增长性远高于主板教育企业，新三板教育行业营收同比增长率约为68%，高出主板57个百分点，净利润同比增长率约为291%，高出主板318个百分点；新三板教育企业的估值并未完全反映出其高成长性，估值水平远低于主板教育企业。在线教育受市场热捧，57家公告显示正开展在线教育业务，教育技术（教育信息化）板块的企业最多。

教育信息化建设进入应用新阶段，投资结构升级。一直以来，我国教育信息化建设更重视硬件建设，随着"三通两平台"工程的不断推进，我国教育信息化总体上已经渡过初期的"起步"阶段，进入初步"应用"与"融合"阶段。在此过程中，教育信息化投资结构逐渐变化，硬件与软件投资份额逐渐下降，而服务份额大幅提升，教育信息化迈向融合与创新阶段，教育信息化服务将迎来良好发展机遇。

新能源汽车

新能源汽车已成为未来汽车工业发展的方向。经过前几年的缓慢启动，新车型源源不断进入市场，各国政府对电动汽车的扶助政策和激励措施也大力促进了电动汽车的销售。2015年，全球电动汽车销售量达55万辆，较2014年的32.4万辆增加70%。其中，纯电动汽车销量为32.8万辆、插电式混合动力车（PHEV）为22.2万辆。在全球电动汽车发展较好的主要国家中，中国销量增幅最大。2015年中国电动车销量（21万辆）首次超过美国（11万辆）位居全球第一。在生产方面，中国也进步惊人。根据工信部数据统计，中国在2015年累计生产新能源汽车37.9万辆，同比增长4倍。新能源乘用车生产20.64万辆。其中，纯电动乘用车生产14.28万辆，同比增长2.78倍，插电式混合动力乘用车生产6.36万辆，同比增长2.8倍。

2014-2015年，中央密集出台了一系列新的新能源汽车产业政策，地方政府也陆续出台了相应的配套支持政策。中国新能源汽车产业支持政策扩展为包括全国范围内的车辆购置税减免、政府及公共机构采购、扶持性电价、充电基础设施建设支持等全方位立体化政策扶持体系。目前来看，这些政策红利极大地驱动了新能源汽车产业发展。

目前，我国已经成为全球最大新能源汽车单一市场。与两三年前相比，最直观的便是新能源汽车产品的不断丰富，电池、电控以及电机等核心技术的不断成熟。按照现有的政策，以及市场各方不断提升新能源汽车技术，可以预测到，新能源汽车的发展空间是巨大的。未来随着充电设施越来越完善，电动车的使用率、普及率、销售规模都会越来越大。建议沿三条路径优选企业：关注产业链中游企业；优选具有转板潜力的公司；抓住新能源汽车企业定增机会。

截至2015年年底，涉及新能源汽车的新三板挂牌企业57家。其中，协议转让企业为45家，所占比例为80%左右；做市企业为12家，分布在原材料、电池、电机、电控、充电桩等上中游行业，整车生产企业目前只有长城华冠独此一家。

从基本面看，新三板新能源汽车企业的可成长空间很大，很多具有"小而美"的特征。规模上，新三板新能源汽车概念股 2015 年营业收入平均 6.01 亿元，净利润 0.08 亿元，低于 A 股新能源汽车企业平均营业收入 99.92 亿元，净利润 0.95 亿元。在成长性方面，2015 年新三板新能源汽车企业营业收入同比为 19.38%，高于主板企业的 12.7%；但在净利润方面，主板同比 64.58%，高于新三板同类企业的 34.18%。目前，新三板企业尚处于成长期，毛利率有较大提升空间，未来成长可期。

新材料产业

作为我国七大战略新兴产业和"中国制造 2025"重点发展的十大领域之一，新材料是整个制造业转型升级的产业基础。一直以来，我国对新材料产业的发展高度重视，出台了众多推动新材料产业发展的措施。前沿新材料领域，将重点发展石墨烯、3D 打印、超导、智能仿生四大类 14 个分类材料。其目的是为满足未来十年战略新兴产业发展，以及为制造业全面迈进中高端进行产业准备；并形成一批潜在市场规模在百亿至千亿级别的细分产业，为拉动制造业转型升级和实体经济持续发展，提供长久推动力。

国家制造强国建设战略咨询委员会认为，新材料领域产业前景良好，到"十三五"末市场规模将达万亿之巨。而石墨烯、3D 打印、超导等前沿材料的快速发展，则有望在未来继续催生出千亿级别的新市场。更为重要的是，由于新材料产业涉及制造业和国民经济中的众多部门，其发展不但会促使基础材料产业、制造业的转型升级，还将对"十三五"期间我国经济的可持续发展产生积极影响。

目前新三板挂牌的新材料企业主要包括：新型功能材料挂牌 81 家，市盈率 24.32；先进结构材料挂牌 34 家，市盈率 22.70；高性能复合材料挂牌 40 家，市盈率 63.58；前沿新材料挂牌 8 家，市盈率为负。合计总市值不到 500 亿元，以导入期和成长期的小规模新材料企业为主。

TMT 行业

TMT 是科技（Technology）、媒体（Media）和通信（Telecom）三个英文单词的首字母。

这里的科技，主要是计算机相关的科技。现阶段 4G 和可见的未来 5G 的普及也同时意味着彻底互联网化接入。

媒体可以说是互联网发展进程的必然产物。互联网进化最大的特点就是把一切透明化。从传统新闻行业到自媒体，可以看作从话语权威机构对人的信息传播变为人到人的信息传播。传统新闻媒体的话语权衰弱，话语权将被分散到各个自媒体的"山头"。新闻业会反过来向自媒体约稿。自媒体模式必将寻找到可行的盈利点。传统广告行业理论已然崩溃，当前已由大规模投放广告时代转变为精准投放时代。只要在百度、谷歌、淘宝搜索过相应商品关键词后进入网站，该网站广告处都会出现你所搜索过的产品相关广告。精准之程度，对比传统广告业可谓空前。这种做法的本质其实就是一种大数据思维。

计算机技术的迅猛发展给传统媒体和通信行业带来了巨大改变。TMT 行业将发生一个大的分化，即那些真正代表产业与行业发展趋势、改变中国的产业经济结构与消费方式的、在过程中有业绩验证的细分行业和公司将具备可持续的发展机会。

资本市场尤其是新三板对 TMT 企业特别欢迎，备受各路资本热捧的企业非 TMT 企业莫属。挂牌企业中 TMT 板块企业数量达 1 200 家，占总挂牌企业数量的 33.4%，其中已做市企业有 200 余家，占所有做市企业的 35.1%。新三板 TMT 企业数量自 2014 年以来不断飙升，企业定增次数居首位，募资额仅次于金融板块。TMT 企业已经当之无愧的成为新三板的主力军，借助新三板的融资平台蓬勃发展。

游戏产业

游戏产业是资金密集型行业，新三板挂牌的游戏企业多是中小微企业，而 2015 年手游市场竞争激烈，寡头垄断加剧，腾讯、网易等游戏巨头占据了较大市场份额。就细分板块挂牌游戏公司来说，2015 年业绩显示亏损的占挂牌游戏公司的 39.34%，这远远逊于整体市场的盈亏比。

尽管如此，移动互联网游戏领域依然是增长速度最快，最为活跃，最受投资青睐的细分领域。具有活力的市场，可以孕育出更多创新机会。截至 2016 年 5 月，87 家新三板游戏公司已有 43 家成功融资，有 1 家融资额为 20 亿元以上，12 家融资额在 1 亿~20 亿元，5 000 万~1 亿元的共有 7 家，有 23 家游戏公司的融资额在 5 000 万元以下。其中，英雄互娱融资最多，为 22.03 亿元。

大部分新三板游戏企业抗风险能力差，盈利能力也比较一般，而产品迭代时间长，研发周期长，同类竞品在市场上较多，新品上线也存在较大的风险。不少2015年亏损的游戏企业重新审视自己的战略，纷纷加大了游戏产业的发行、渠道建设布局，力争多元化发展。

游戏公司形态多元化，体现在支付、教育、渠道、外包、营销、公关等公司都登陆新三板。这些处于行业幕后的公司，通过新三板与更多的资本打交道，新三板也成为他们"走向台前"的重要渠道之一，这样也有助于游戏行业更多细分领域的发展。

新兴行业的新三板企业精选

节能环保行业精选的企业

星火环境（430405）：致力于工业废水、危废处理的高成长技术企业

1. 主营业务：工业废液污水等危险废物的处理净化；工业固体废物处置；其他资源的加工、回收处理及绿化管理。

2. 营业收入：2015年年报营业收入为6 573万元，同比增长37.94%。

3. 归母净利润：2015年年报归母净利润为4 483万元，同比增长112.66%。

4. 挂牌时间：2014年1月。

5. 增资情况：2014—2016年实施完毕的定增2次，共融资1 800万元；2016年5月董事会公告公司拟向不超过35名合格投资者进行定增。本次股票定向发行价格为40元/股，发行数量不超过470万股，募集资金总额不超过1.88亿元。

6. 背后券商：东吴证券。

7. 近一年有无收购或并购：无。

8. 企业特色：

（1）拟成立环保产业并购基金。公司2016年预计使用募集的资金投入5 000万元开拓环保领域资源回收利用的新业务，同时拟投入1亿元与第三方国内知名基金管理公司联合成立环保产业并购基金，择优收购与星火环境主营业务互补的企业。

（2）拥有强大核心技术实力。公司是苏州地区资质最全的工业危废污水处理企业之一，为客户提供一站式的专业服务；2015年新取得6项实用新型专利，把经济活动重组为"资源利用—产品—废弃物—资源再生"的反馈式循环过程和"低开采、高利用、低排放"的循环模式，强调经济系统与自然生态系统和谐共生。打造符合低碳经济特色的综合性高科技环保服务。

（3）参与地区行业标准制定。公司能够参与江苏省本地行业标准的确定，更能把握行业趋势，从而获得许可时间更长的危废行业经营许可证，避免频繁更换许可证带来的不利影响；良好的口碑获得了国际公司的认可，也帮助公司招徕更多客户，同时巧妙的合同设计意在用户黏性的提高，使客户解约率保持较低水平，主营业务有望更上一层楼。

金达莱（830777）：村镇污水处理技术全球领先的新三板环保市值第一股

1. 主营业务：污水处理成套设备的研发、生产与销售，并为污水排放企事业单位及专业污水处理企业提供污水处理与资源化整体解决方案，包括污水处理技术咨询、污水处理工程设计、建设、维护、专业污水处理设施运营服务及水体的监控、检测和修复等。

2. 营业收入：2015年年报营业收入为5.04亿元，同比增长63.49%。

3. 归母净利润：2015年年报归母净利润为2.22亿元，同比增长88.24%。

4. 挂牌时间：2014年6月。

5. 增资情况：2014年定增1次，共融资1.3亿元。

6. 背后券商：太平洋证券。

7. 近一年有无收购或并购：无。

8. 企业特色：

（1）专注于核心业务，专利数在新三板环保企业中最多。公司持续关注农村污水治理，PPP模式的成功应用以及简单高效的"4S流动站"运维模式的铺展，使得公司专利技术获得了更广的区域性应用，扩展到全国28个省市。坚持走自主创新的道路，重视研发队伍建设，继续加大研发投入，重视知识产权的保护，新增申请专利25项，获得授权专利新增10项，是新三板环保企业中专利数量最多的。2015年，FMBR技术及JDL技术入选国家科技部、环保部、住建部、水利部发布的《节水治污水生态修复先进适用技术指导目录》，并分别列于"城镇污水治理技术"及

"工业废水治理技术"类别的第一位，JDL 技术也获得了江西省科学技术进步奖一等奖，有效提升了公司的市场声誉和知名度。

（2）细分市场前景广阔。乡镇和农村生活污水处理市场前景广阔，公司兼氧 FMBR 具备技术优势和成本优势。乡镇和农村生活污水处理率分别低于 30% 和 10%，未来都有很大的发展空间。国家政策也开始向乡镇和农村市场倾斜，多目标也促使乡镇和农村生活污水处理投资增加，此外近两年政府一直大力推广 PPP 模式，促使订单进一步释放，保守估算未来乡镇和农村每年市场规模约 240 亿。金达莱率先在乡镇和农村市场布局，通过市场先发优势、技术优势构建起核心竞争力。公司的兼氧 FMBR 技术，与同类公司相比公司设备造价低、运行成本低、维护方便，技术和成本优势非常明显。

（3）引入多种融资渠道和手段，有力保障公司战略发展。公司通过项目贷款、引入产业基金及战略合作伙伴等多元化的融资方式，有力保证了公司战略的实施。2015 年，虽然国家宏观经济增速放缓，但公司经营业绩依然获得了持续增长，特别是兼氧 FMBR 技术高度契合我国《水污染防治行动计划》提出的强化城镇生活污水治理和推进农村污水防治的需求，在城镇村污水治理方面优势凸显，为公司进一步扩大污水治理市场奠定了坚实基础。

高端装备机器人领域精选的企业

深科达（831314）：触控屏设备整体方案提供商和机器视觉潜力股

1. 主营业务：从事热压机、贴合机、恒温热压机、脉冲热压机、真空贴合机、ACF 贴附机、精雕机、全套触摸屏后段邦定贴合设备研发、生产、销售、服务为一体的自主创新。
2. 营业收入：2015 年年报营业收入为 1.74 亿元，同比增长 44.23%。
3. 归母净利润：2015 年年报归母净利润为 3 415 万元，同比增长 99.96%。
4. 挂牌时间：2014 年 11 月。
5. 增资情况：2015—2016 年定增 2 次，共融资 3.1 亿元。
6. 背后券商：安信证券。
7. 近一年有无收购或并购：无。
8. 公司特色：

（1）专业技术领先、行业知名度高。公司注重研发，近年研发投入占比均在10%以上，使公司始终保持行业领先地位，是国内少有的具备整体解决方案能力的企业。尤其是自动化贴合设备，这是触摸屏生产的最关键设备之一。公司产品在行业内具备较高知名度，2015年贴合设备收入占公司总营收的85.4%。公司于2015年2月份加入宝安区机器人产业联盟，强强联手，将进一步提高公司的知名度，增强公司的市场竞争力，促进企业可持续发展。

（2）高端优质客户资源，处于高速发展期。公司大客户战略见成效，已覆盖行业内最高端的客户群体，包括京东方、厦门天马、伯恩光学、欧菲光、莱宝高科等。公司处于高速发展期，2013—2015年营收复合增长率17.2%，净利润复合增长率51.1%。2015年公司与多个客户签订重要合同，业绩快速增长，实现营收1.74亿元，同比增长45%；净利润达3 415万元，同比增长100%。丰富的技术储备和大客户战略，使公司得以及时把握行业需求变动，研发新产品。针对指纹识别、智能穿戴、VR终端以及大尺寸液晶的高景气度和增长潜力，公司积极投入，已研发出智能手表贴合装备、曲面屏贴合设备、液晶电视80寸配套设备等新品。这些设备与显示设备具有较高的技术关联度，公司有望占据先发优势，未来成长空间很大。

沃迪装备（830843）：中国智能机器人装备制造"引进来、走出去"战略的践行者

1. 主营业务：从事智能装备的研发、设计、制造和销售，并为客户提供安装及售后等相关服务的国家高新技术企业，主要产品包括搬运机器人和果蔬汁酱自动化成套生产线。

2. 营业收入：2015年年报营业收入为1.37亿元，同比增长19.66%。

3. 归母净利润：2015年年报归母净利润为934万元，同比增长154.62%。

4. 挂牌时间：2014年7月。

5. 增资情况：2014—2015年定增3次，共融资5 457.46万元。

6. 背后券商：兴业证券、宏源证券。

7. 近一年有无收购或并购：无。

8. 企业特色：

（1）核心专利技术领先，实现全自动化批量生产。公司完成了引进欧洲技术对并联机器人（TDR型）的升级，使之达到全球速度最快的PicKING型机器人之一。积极推进引进欧洲全自动包装机业务；形成码垛、并联、全自动化包装一体化解决

方案的服务能力，设计每年2 000台的制造能力。公司搬运机器人档次较高、附加值大，是进口搬运机器人的较好替代品，其中公司拥有自主知识产权并可实现产业化制造的码垛机器人处于国内领先水平，市场占有率位居国内市场前列。截至2015年底，公司已拥有各项发明及实用新型专利136项，另在申报中的有106项。正在开展的研究课题有面向工业机器人生产的无人工厂关键技术开发和示范应用，获得上海市张江国家自主创新示范区1 000万元专项发展资金资助的食品药业行业机器人（数字车间）中试项目，完成了干物质杀菌设备的研发等重大成果。

（2）国内外销售渠道广泛。首先，销量位居本土品牌前五。目前公司自主开发的具有全中文菜单彩色触摸屏的搬运机器人已经服务于中粮、红牛、新希望、海尔等大型客户。公司搬运机器人销量位居我国工业机器人市场本土品牌前五名。其次，产品远销海外。公司搬运机器人取得CE认证，产品远销欧洲及北美等发达国家，为唯一一家参与国际竞争的中国企业。公司另一主打产品——果蔬汁酱自动化生产线沿着"一路一带"远销美国、日本、澳大利亚、新加坡、欧盟等发达地区以及东南亚、非洲、中亚、中东等各国。根据上海海关的出口数据统计，公司生产的水果加工设备已连续5年出口国外市场，排名第一。

生物医药领域精选的企业

百傲科技（430353）：长年深耕基因诊断的全产业链先行者

1. 主营业务：主要从事研发、生产及销售用于指导病患者个体化治疗的临床基因诊断产品，并提供相关配套原料、设备、技术及服务，公司目前核心产品主要技术是采用BaiO专有显色型生物芯片技术平台进行。

2. 营业收入：2015年年报营业收入为6 989万元，同比增长77.53%。

3. 归母净利润：2015年年报归母净利润为1 315万元，同比增长127.64%。

4. 挂牌时间：2013年11月。

5. 增资情况：2014—2015年定增2次，共融资4 500万元；2016年拟定增1.63亿元。

6. 背后券商：信达证券。

7. 近一年有无收购或并购：无。

8. 企业特色：

（1）覆盖客户范围广。产品累计进入全国近300家三甲医院，覆盖60多万病例，是个体化用药细分领域的领头羊。已经形成覆盖全国的销售网络渠道，树立良好的品牌形象，为公司未来市场的发展奠定基础。在细分市场上，公司在国内率先获得体外诊断Ⅲ类产品注册证，率先进入市场，率先制定了价格体系，成为行业标杆。

（2）融资提供业务发展的资金支持。2015年年报告期内，随着新的生产基地的建成投产，产能大幅提升，有效保障未来3~5年市场需求。报告期内，公司与中国国际金融股份有限公司、中信证券股份有限公司等10名做市商以及工银瑞信资产管理有限公司、红土创新基金管理有限公司、上投摩根基金管理有限公司、深圳倚锋投资管理合伙企业（有限合伙）等20家投资者签订了1 360万股股票定向发行协议，预计募集资金总额人民币16 320万元，为经营战略规划的落地提供了充足的资金支持，为公司未来发展提供了坚实基础。

（3）技术和成本双双具备领先优势。在过去的十多年里，公司创立了"显色型基因芯片核心技术"，获得了系列发明专利，围绕自主知识产权的核心技术，研究开发了核心原料、系列基因检测试剂盒、实验检测设备、软件、质控品等完整的产品链，大部分产品填补国内空白，技术水平国内领先。公司研发已经形成平台模式，未来可以源源不断地推出适应市场需求的新产品与技术，保持领先地位。公司产品原料99%实现国产化，为产品成本下降和产品稳定的供给提供了基础和可能；公司市场渠道采用"自营＋经销"模式，售中、售后技术服务以公司为主，经销商为辅，通过外派实验员等方式提升对终端客户的服务品质。

原子高科（430005）：独具竞争优势的放射性同位素制药国内龙头企业

1. 主营业务：集科研、开发、生产、销售、服务于一体，生产和销售同位素放射性药物、放射源、免疫分析试剂、提供辐射加工服务和加速器制造。
2. 营业收入：2015年年报营业收入为7.09亿元，同比增长9.75%。
3. 归母净利润：2015年年报归母净利润为1.47亿元，同比增长31.52%。
4. 挂牌时间：2006年7月。
5. 增资情况：无。
6. 背后券商：广发证券。
7. 近一年有无收购或并购：无。
8. 企业特色：

（1）进入门槛极高，专营专控极具竞争优势。公司在放射性同位素技术应用方面，拥有我国目前规模最大、产品覆盖面最广的放射性同位素综合性研制、生产基地以及国家科技部批准的"国家同位素工程技术研究中心"。一方面，核原料和核工业一般由国家专营专控，一般企业极难涉足；另一方面，随着国家对放射性产品的监管进一步加强，国家药监局对放射性药品生产企业的GMP提出了更高要求，如此高的进入门槛一定程度上阻碍了大量的潜在进入者，有利于公司保持一定的竞争优势。

（2）全国性医药基地及医药中心产业布局加速进行。原子高科是我国放射性同位素制品最大的科研、生产、供应基地。近年来，公司先后在广州、上海、杭州、天津等地建成短寿命同位素医药生产配送中心，并成功投入运营。同时，根据各地核医学的发展规模，先后立项并启动了沈阳、重庆、郑州、武汉、南京、长沙、济南、横店等多个同位素医药中心建设项目，初步形成了向经济发达、核医学临床应用水平较高、人口密集的大城市辐射的产业发展格局。此外，目前公司与全国2 000多家大中型医院建立稳定的供应关系，为公司保持经营和盈利能力的连续性提供了保证，随着公司加大研发力度投放新产品，以及为进一步扩大市场进行的全国短寿命同位素医药生产配送网络体系的建设，必将提升公司的竞争力，促使公司快速发展。

（3）大股东背景和平台强大。原子高科控股股东是中国同辐股份有限公司，中国同辐是中国核工业集团、中国原子能科学研究院及中国核动力研究设计院共同出资，以原中国同位素有限公司为平台搭建的中核集团核技术应用产业专业化公司。公司依托中国原子能科学研究院，下设"国家同位素工程技术研究中心"。公司及其母单位国家原子能科学研究院对"裂变钼提取技术"的攻克，结束了我国相关放射性药物完全依赖进口的局面，大大推进了我国核医学的发展。

教育行业精选的企业

北教传媒（831299）：传统教育出版的数字化互联网转型典范

1. 主营业务：教育类图书的策划、设计、制作与发行。公司产品主要分为教辅类图书、课外阅读类图书、政策学习类图书三大类。
2. 营业收入：2015年年报营业收入为2.85亿元，同比增长8.25%。
3. 归母净利润：2015年年报归母净利润为2 823万元，同比增长97.99%。
4. 挂牌时间：2014年11月。
5. 增资情况：2015年定增1次，融资8 004万元。

6. 背后券商：华西证券。

7. 近一年有无收购或并购：2016年收购北京油菜花文化传播有限公司41%的股权。

8. 企业特色：

(1) 产品结构升级，立体开发"教育出版+互联网"多元化精品。2015年北教传媒调整产品结构和经营策略，精选出销量高、利润率高、市场反响持续向好的重点产品进行大力推广，逐步削减低利润率图书，将非重点产品转变为定制化产品，消化了大量库存，也使物流成本大幅降低。同时，北教传媒大力研发创新产品，充分发挥多年来丰富的教辅图书运作经验，挖掘优质教师资源，采用先进的设备录制高质量视频课，形成了科学合理的视频课程体系。对纸质教辅迭代升级，研发推出的"+互联网"创新型教辅产品《课堂直播》，通过扫二维码看老师的视频，形成线下优质内容与线上增值服务的有机结合，产品一经上市就赢得了市场的广泛好评，形成热销势头，发行量达700多万册。

(2) 高品质的发行内容和覆盖全国的渠道资源。2015年，北教传媒实现图书生产4 027万册，造货码洋达10.98亿元，发行码洋10.34亿元。其中，公司投资成立的以策划、发行课外阅读类图书的文化传媒公司——北教小雨，2015年在天猫平台实现销售码洋1.03亿元、回款2 560万元，分别比上年增长214%和496%。北教传媒拥有分布在全国各地、活跃于教学一线的强大外部作者资源和专家顾问团队，常年聘请全国优秀的专家级一线骨干教师担任学科顾问，已累计与1.5万名教师作者建立了良好的关系。公司的渠道网络目前已经覆盖全国、深入区县、拥有200多家代理商和1万多家校边店，并与各地市新华书店保持着十余年的合作关系。

(3) 加快升级转型步伐，积极布局在线教育。北教传媒于2014年底参股投资成立的跨学网，是一家专注K12在线教育产品的策划、制作和发行公司。经过一年的探索和调整，跨学网目前已聚焦形成四大产品：腾讯智慧校园、老师来帮忙APP（在线答疑）、一对一辅导和跨学派（卡位在线教育硬件入口）。未来，北教传媒将加快数字化升级转型，完成对北京油菜花文化传播有限公司股权的收购，深度布局K12在线教育移动端、PC端和电视端，从而形成学生课外学习辅导闭环，打造真正的线上线下相结合的O2O教育生态圈。并积极开拓国际合作，谋求优质整合资源，拓展产业链，开拓新的合作模式，寻找新的利润增长点。公司计划在2016年策划新品图书1 500种（含新修订品种），实现造货码洋15亿元，发货码洋13.5亿元，营业收入3.8亿元。

华图教育（830858）：暂弃借壳、安心新三板的职业教育培训国内龙头企业

1. 主营业务：主要提供面授培训、网络培训、图书策划与发行、咨询服务等多种业务的综合性现代服务，是国内公认的公职培训行业标准制定者和教育培训标杆企业。

2. 营业收入：2015年年报营业收入为13.58亿元，同比增长17.61%。

3. 归母净利润：2015年年报归母净利润为2.13亿元，同比增长100.39%。

4. 挂牌时间：2014年7月。

5. 增资情况：2016年定增1次，共融资1.8亿元。

6. 背后券商：招商证券。

7. 近一年有无收购或并购：达晨创投拟以受让达晨创富持有的华图教育560万股，占华图教育总股本的4.55%，交易价格为4.245亿元。

8. 企业特色：

（1）多元化发展步入收获期，直营网络体系持续加强。目前公司面授业务营收占比高达96.7%，是公司主要收入来源。在公务员考试培训项目的基础上，公司2015年加速覆盖其他职业教育培训领域，其中事业单位招录考试培训和教师招录考试培训的销售收入均突破亿元大关，是2015年业绩增长的重要推动力。同时，华图教育加大对高端产品的师资和教研投入。2015年高端产品的招生数量和招生占比进一步增长，产品通过率持续提升。尤其是2014年研发的分级教学、线上线下相结合的红领培优产品，在通过率上领先其他产品，成长性显著。此外，公司在本报告期共新设立32家分公司，截至2015年底，全国分公司总数达到206家，基本覆盖一二线城市并在部分重点县市进行业务开拓，业务开展进一步下沉。

（2）积极应用线上产品推广，取得实质性成果。公司意识到传统教育企业在互联网、大数据等科技浪潮下必须积极转型才能实现持续发展，加强线上服务能力，实现线上线下相结合，面授和在线协同发展是重要路径。2015年，公司开发了"华图在线APP"作为移动学习平台，并加大对砖题库和华图在线项目的推广力度，注册人数和活跃用户数量均得到快速增长。此外，公司还大力发展直播产品。依托于公司优秀的教育质量、广泛的品牌影响、众多的线上产品用户以及高效的分公司推广，公司直播产品人数和营业收入较2014年均实现了爆发式增长，有效降低公司运营成本。

（3）不断通过资本运作布局产业生态圈。借壳 *ST 新都上市的计划停止后，公司没有放弃在新三板的资本运作，一直悄悄布局自己的生态圈。2015 年，华图教育实控人易定宏收购新三板公司五岳钻具（430728），计划将线上图书销售业务注入该公司。实际上，主营线上图书销售业务的北京华图宏阳图书有限公司在 2015 年初已因业绩不佳被华图教育剥离出去。2014 年在图书销售这一块，虽然贡献出约 12% 左右的营收，但成本占比较高。而且图书销售毛利率明显低于公司平均利润率，处于亏损状态。通过收购，易定宏旗下的资本运作平台又多了一个，其图书销售业务将与教育培训业务分开，获得独立融资渠道。

分豆教育（831850）：净利疯涨的 K12 教育的云智能教育平台开发与运营商

1. 主营业务：主要从事教育软件的设计、开发、销售及相关技术服务。公司自成立以来，一直专注于教育软件领域，融合优质教育资源与高科技技术，为广大初高中学生、家长及学校提供教育软件、教育管理服务系统及相关服务，是专业的云智能教育系统研发及服务商。

2. 营业收入：2015 年年报营业收入为 1.07 亿元，同比增长 267.6%。

3. 归母净利润：2015 年年报归母净利润为 6 285 万元，同比增长 3 741.08%。

4. 挂牌时间：2015 年 1 月。

5. 增资情况：2015 年共增发 4 次，共融资 7.07 亿元（截稿时止，其中 6 亿元正在实施中）。

6. 背后券商：中泰证券（原齐鲁证券）。

7. 近一年有无收购或并购：无。

8. 企业特色：

（1）打造完整产品体系，发力 SOS 业务。SOS 业务面向拥有教育资源或渠道的战略合作伙伴（如培训机构、私立学校及各类公司等）进行商务拓展，随着贯穿校内校外产品体系的陆续上线，促进了该业务的迅猛增长。2015 年公司业绩大幅增长源于自主研发的慧学云智能提分王、慧学云智能诊断系统和慧学云智能教学平台在本年陆续上线，形成以学生为中心，以智能诊断为核心，贯穿校内外的完整产品体系。同时，公司商业模式由上年度"代理＋直销"平行推进变更为"以代理为主，直销为辅"，既大幅度降低销售支出和推广费用等运营成本，又提高了战略合作伙伴销售积极性，助力公司业绩跨越式增长。

（2）打造云智能教育稀缺标的，深耕 PPP 业务，抢占公立学校入口。公司率先在国内提出云智能教育理念，历时五年打造出云智能教育产品"慧学云"。"慧学云"是通过对不同学生的学习数据记录，利用云计算、人工智能和大数据等科技手段进行智能分析，为学生提供个性化的学习解决方案，真正实现"因人施教、因材施教"。公司始终对产品的升级优化保持高度重视，如 2015 年独家签约北大、清华的100 名高考状元，协助完善提升现有产品体系。在推广方面，公司采用"农村"包围"城市"的战略，持续深耕 2015 年签约的 10 余家地级市教育局，基本实现地级市所辖公立学校的项目完整覆盖，从二三线城市的学校、培训机构入手，致力于打通学校内外教学场景；避开互联网产品的激烈竞争和免费陷阱，积极参与国家教育信息化、智能化建设；帮扶中小培训机构解决生存危机，"一手卖矛一手卖盾"，更有望用数据将"矛""盾"统一，打造校内外一体智能教育生态。

（3）BD 业务升级为 GD 业务，面向 K12 拓展。公司产品线向幼儿、小学、职业教育等领域延伸扩展等。2016 年公司预期销售额 2 亿元，由 SOS 业务和 GD 业务共同承担，利润预计不低于 8 000 万元。

新能源汽车精选的企业

科列技术（832432）：首家登陆新三板的电动汽车 BMS 高成长技术企业

1. 主营业务：电动汽车锂电池管理系统（BMS）研发和销售。
2. 营业收入：2015 年年报营业收入为 1.36 亿元，同比增长 441.75%。
3. 归母净利润：2015 年年报归母净利润为 4 968 万元，同比增长 527.39%。
4. 挂牌时间：2015 年 7 月。
5. 增资情况：2015—2016 年定增 2 次，共融资 1.6 亿元。
6. 背后券商：国信证券。
7. 近一年有无收购或并购：无。
8. 企业特色：

（1）掌握全球领先的 BMS 核心技术。科列技术的研发创始团队均来自华为，有着丰富的自动控制技术的研发和应用经验。公司还吸纳了来自艾默生、TCL、东风汽车等企业的专业人才。动力电池管理系统是电动汽车的核心关键技术，均衡荷电量、保障电池的一致性和安全性都需要 BMS 来管控优化。而科列技术是国内动力锂电主动均衡技术的倡导者，公司已经掌握全球领先的动力电池管理系统之主动均衡、无线传输、功能安全和容量管理四大核心技术。核心技术攻关项目"动力锂电池嵌入式 BMS"获得深圳市 2013 年政府资助，并荣获南山创业之星大赛企业创新组第二名。2011 年，公司承接了深圳大运会千余辆新能源大巴的锂电池管理项目，已获得 20 多项发明及软件著作权，是业内主动均衡技术的领导者，处在全球领先地位。

（2）技术应用产品范围广泛。2015 年，面对电动汽车市场的爆发，公司抓住了主流的电动乘用车市场，完成了近 3 万辆电动乘用汽车 BMS 的销售，细分市场占有率较高；同时，在电动客车领域继续拓展，实现了业绩的快速增长。可为电动大巴车、混动大巴车、电动乘用车、微型电动车和物流电动车等多种车型提供 BMS 解决方案，以及电动车锂电池组 PACK 解决方案。

（3）新能源汽车前景广阔，主动均衡 BMS 市场逐年稳步提高。主动均衡 BMS 产品具有后周期性，在新能源汽车发展初期电池厂商不愿意安装，尤其是新能源汽车车主不愿意支付安装具有主动均衡技术的 BMS 产品，但随着新能源汽车使用年限的增加，为保持动力电池的续航能力，对主动均衡 BMS 支付意愿有望大幅提升。同时，电池与 BMS 分属于两个不同行业，电池厂在制造 BMS 上不具备技术优势。整车厂主要做整合工作，在性能安全的前提下保证系统运转正常。经济高效并不断推出新的（主要指外观）车型是实现高利润的有效手段。相比于整车制造成本而言，BMS 系统的成本占比低，选择外购更有利于控制成本。

长城华冠（833581）：豪赌造车——新三板唯一的电动汽车整车全产业链企业

1. 主营业务：汽车的整车设计及电动汽车的研发、生产、销售。
2. 营业收入：2015 年年报营业收入为 5 699 万元，同比增长 27.49%。
3. 归母净利润：2015 年年报归母净利润为 –2 175 万元，同比增长 –34.44%。
4. 挂牌时间：2015 年 9 月。
5. 增资情况：2015—2016 年定增 6 次，共融资 3.41 亿元。
6. 背后券商：国信证券。
7. 近一年有无收购或并购：2016 年 4 月公司宣布以 3 800 万元收购国内汽车设计领跑企业青岛宙庆工业设计有限公司 60% 股权。
8. 企业特色：

（1）打造极致王牌产品"前途 K50"。长城华冠前途 K50 纯电动超跑对外发布后，酷炫的外形设计、堪比特斯拉 Model S 的性能参数，使之一出世便广受关注。作为长城华冠的明星产品，公司从设计、生产到销售全程对其布控，注重完善的商业模式、用户体验、生态体系。"前途 K50"项目已申报专利 200 项，其中 70 项为发明专利。公司通过新车型开发、核心零部件研发及产业化、整车生产资质获取、示范工厂启动、品牌与技术传播等方面发挥作用，进一步增强公司的资本实力和盈利能力，有效推动公司业务扩展，布局规模，稳固公司在国内纯电动汽车正向研发领域的领先地位。

（2）轻装上阵，专注研发和技术创新。与传统车企不同，半路出家的长城华冠不存在历史包袱，可以把全部精力放在车型研发和技术创新上，从零开始打造一款全新车型，从源头上规避短板。汽车设计服务稳步增长，电动汽车制造蓄势待发。在汽车设计服务方面，作为国内最掌握汽车整车技术的公司之一，公司设计团队以长城华冠汽车开发设计流程及 ISO 9000 标准为基础，为国内众多品牌多个车型提供设计服务，业务涵盖传统车型及新能源汽车设计，设计成果得到了客户的高度认可。车联网系统完成了 5 000 辆样车数据容量的平台建设，已试运行 3 个月。在电动汽车核心零部件方面，车用电池系统通过了国家汽车工程中心的碰撞试验、电磁干扰等一系列试验，性能卓越。以整车为基础，成体系地打造出一套水冷式散热系统，可保证电池在使用 5 年后仍有 90% 以上的电容量。该系统打破了单一电池包的概念，需要与车辆各控制系统间实现协同，这正体现了长城华冠多年积累的技术优势，而对于刚刚入行的互联网企业来说，实难具备这种能力。

（3）互联网时代的体验式汽车销售模式。前途系列汽车将大幅简化厂商—分销商—经销商这一传统销售网络，拉近厂商与消费者之间的距离。甚至邀请车主参与到整个造车过程之中，增进消费者与产品之间的共鸣。在商业模式上，前途还准备对车辆进行全生命周期监控，及时向车主提供所需服务。

新材料产业精选的企业

久日新材（430141）：全球最大的紫外固化光引发剂生产企业

1. 主营业务：专业性光引发剂制造商，主营光引发剂的研发、生产、销售，兼有部分农药及其他精细化工产品，其中光引发剂产品占公司销售收入的 90% 以上。

2. 营业收入：2015年年报营业收入为5.79亿元，同比增长26.61%。

3. 归母净利润：2015年年报归母净利润为5 074万元，同比增长13.13%。

4. 挂牌时间：2012年9月。

5. 增资情况：2013—2016年定增5次，共融资2.79亿元。

6. 背后券商：太平洋证券、广州证券、渤海证券。

7. 近一年有无收购或并购：无。

8. 企业特色：

（1）依托我国在光固引发剂行业的世界绝对领先优势。从2000年起，我国光固引发剂生产和出口跃居世界第一，成为世界上最大的光固引发剂生产国和出口国。随着整合加速，未来行业将进入深度整合期。作为行业龙头，公司凭借资本优势、技术优势等进行"先横后纵"整合战略。

（2）"整合+合作"模式确立行业龙头地位。立足引发剂，产业链上下游衍生，创造新兴增长点，将长期受益于行业稳定增长红利。公司启动新生产基地——湖南久日新材料有限公司的建设，新生产基地建设完成后将进一步降低生产成本、扩大生产产能、提升供货稳定性，扩大公司产品的市场占有率。通过建立山东生产基地，并购业内第二大光引发剂生产华钛化学，确立了光引发剂行业龙头地位。公司通过战略合作与行业整合方式确立行业龙头地位，将长期受益于UV固化行业稳定增长。同时基于强大研发能力，公司储备了足量前瞻性项目，这些项目都在逐渐成长为公司新兴增长点，将进一步巩固公司市场地位，提升公司竞争力。

（3）全方位拓宽产品销售渠道。2015年，久日新材经营业绩持续提升，公司继续加大市场渠道开发投入，巩固已有成熟稳定的市场渠道，不断开发新渠道。与天津市天骄辐射固化材料有限公司建立战略合作关系，开展市场与产品合作。公司现所处光固化行业不仅包括光引发剂，还包含单体和树脂，并且单体和树脂的用途更为广泛。本次开展战略合作后，将由天骄辐射代为公司生产相关单体产品，公司对相关产品进行包销。基于公司现已拥有的大量稳定客户群，合作后更能获得一大批优质客户资源。

（4）持续技术创新和加强自主知识产权保护。公司进一步加大研发力度，在丰富发展原有核心技术的基础上，积极开发新的核心技术和产品，公司充分利用已有的技术创新优势，继续加大自主创新投入，提升研发创新能力，加强专项技术的开发和应用，加强自主知识产权的保护，在关键技术领域取得独占权，不断提升竞争力。2015年报告期内公司新申报发明专利13项，取得发明专利授权6项，新专利的授权，扩大了公司知识产权数量和规模，同时增加了公司自主创新产品的数量，为提高自身核心竞争力打下坚实基础。

恒神股份（832397）：国内首家登陆新三板的碳纤维企业

1. 主营业务：主要从事碳纤维、碳纤维织物、预浸料及其复合材料的研发、生产、销售和技术服务。公司系碳纤维材料及其复合材料的生产服务型企业，主要产品包括碳纤维、碳纤维织物、碳纤维预浸料、碳纤维复合材料制品、丹强丝及功能性纤维、技术服务等。公司各类产品主要应用于航空航天、轨道交通、风电叶片、海洋装备、电缆导线、建筑补强、压力容器、汽车应用等。

2. 营业收入：2015年年报营业收入为1.5亿元，同比增长33.71%。

3. 归母净利润：2015年年报归母净利润为-1.49亿元，同比增长41.15%。

4. 挂牌时间：2015年5月。

5. 增资情况：2015—2016年定增2次，共融资4.57亿元。

6. 背后券商：中信建投。

7. 近一年有无收购或并购：无。

8. 企业特色：

（1）碳纤维行业未来有高成长的市场空间，公司产能释放后利润可望显著提升。由于碳纤维及其复合材料应用在国内尚属新兴产业，市场应用的拓展及生产水平的提升均需一个渐进的过程，公司报告期内虽然亏损，但与去年相比，营业收入、利润、经营性现金净流量等各项指标均有所提升，经营业绩呈现快速上升态势。2015年，公司的设备已经全面调试完毕，进入量产状态。预计2016年碳纤维产量可以达到2 500吨，同比增幅超过120%，产能利用率超过50%，进入全面放量的状态。产能利用率的提升可以显著分摊固定资产折旧、能耗和人工成本。

（2）持续创新投入，拓展下游产品销售，扩大产品附加值。截至2015年底，公司累计获得授权专利34项，其中发明专利9项。在重大装备领域，公司紧跟各型号装备的研制进度，与各设计院所紧密合作进行一系列材料验证和制件项目开发。公司2015年销售产品中，预浸料占比达到40%左右，碳纤维占比达到35%，织物和技术服务占比25%。未来，公司更加偏重于中下游产品的生产和销售，预浸料和织物的占比将进一步加大，而碳纤维的销售占比将逐渐降低。2015年，公司营收为1.5亿元人民币左右，预计2016年在碳纤维产量增幅超过120%的情况下营收有望同比出现大幅增长。

（3）与多家大型企业建立合作供应关系，CFRP产品有望批量供应。目前，公司已经与中航工业旗下多家设计所和主机厂建立合作，公司的产品已经通过材料验证，成为重装航空的合格供应商。公司与中航工业开展的多项课题有望在近两年率先实现产业化，产品的批量供应将为公司的业绩带来显著增厚；同时，公司与民航、海油交通、海装、航天等相关产业的设计所和主机厂都有合作项目，公司重点推进与庞巴迪、商飞、中车等一系列客户的战略合作，相关产品和项目正在开展验证，公司将成为战略合作伙伴的碳纤维及复合材料的合格供应商；在体育休闲领域，公司进一步精耕市场，扩大市场渗透率和占有率。2016年CFRP产品同样将开始批量供应。

TMT 行业精选的企业

凯立德（430618）：老牌导航服务提供商打造车联网完整闭环作为增长支点

1. 主营业务：主要从事导航电子地图内容制作、导航软件系统开发以及地理信息应用系统开发与技术服务。公司的主要产品为导航电子地图及导航软件系统，主要应用于车载导航、PND导航、手机导航以及电子地图应用增值服务等领域。

2. 营业收入：2015年年报营业收入为1.87亿元，同比增长-8.02%。

3. 归母净利润：2015年年报归母净利润为-1 564万元，同比增长-131.27%。

4. 挂牌时间：2014年1月。

5. 增资情况：2014年4季度定增4次，共融资3.08亿元。

6. 背后券商：华融证券。

7. 近一年有无收购或并购：无。

8. 企业特色：

（1）依托"地图+软件+硬件+服务"模式，2016年可望扭亏为盈："地图+"的互联网思维，为打造物流产业新"路径"带来了新的启发。凯立德致力于从地理信息领域出发，凭借地图数据优势，帮助物流行业的汽车制造企业和物流企业实现物流通路的优化。车联网服务也通过对工作流程的网络化管理高效提速、实现运营成本的压缩并提高管理品质，侧面助力物流行业打造更为科学有效的管理逻辑。

（2）完成商用车联网生态圈布局，盈利模式明朗化。与百度、高德等错位竞争,凯立德公司在国内率先提出商用车联网综合服务一体化的概念,以解决物流和车厂现实问题为出发,以此为目标实现从车厂到物流的联动,实现获取用户数据改进产品、接入车联网信息服务、降低输运成本、提高工作效率等效果。公司与东风汽车旗下企业湖北东裕汽车服务有限公司就共同建设商用车车联网服务平台系统签署了战略合作协议。凯立德将为东风汽车全面提供为货车深度定制并加载货运地图数据的导航系统及服务。在私家车车联网和商用车车联网之后,保险业是另一个有着巨大市场价值并能引发行业变革的车联网应用领域。与平安联姻的凯立德将保险车联网作为私家车车联网和商用车车联网之后的第三个战场。现在,凯立德已经在实时路况、在线导航、安全地图、人工后台、车联网电台、车友社区等车联网环节进行了布局,同时,凯立德还将有新的智能硬件产品推出。

兆信股份（430073）：被慧聪网看中的产品信息追溯及数码防伪新三板企业

1. 主营业务：以产品数字身份管理技术为基础,提供包括商品防伪、窜货追踪、消费信息收集等在内的数字化信息产品与服务。

2. 营业收入：2015 年年报营业收入为 5 559.51 万元,同比增长 11.69%。

3. 归母净利润：2015 年年报归母净利润为 99.67 万元,同比增长 178.31%。

4. 挂牌时间：2010 年 9 月。

5. 增资情况：无。

6. 背后券商：申万宏源。

7. 近一年有无收购或并购：无。

8. 企业特色：

（1）港股上市公司慧聪网控股,具备业务协同效应。慧聪集团为国内领先的 B2B 电子商务运营商,为中小企业搭建供需平台,提供全面的商务解决方案。兆信股份以产品数字身份管理技术为核心,基于公共服务云平台,以防伪保真为切入点,利用云计算、物联网、互联网、移动互联网技术,通过数字码、条形码、二维码、RFID 等标签为载体,为企业提供产品全生命周期管理软件、应用服务、综合解决方案及平台运营。兆信股份在消费类商品防伪产品和服务领域具有技术、管理等多方面优势,被收购完成后,将会与慧聪集团的现有业务产生协同发展效应。

（2）产品数码防伪及全程信息追溯第一股。获得 2015 年度金苹果新三板最具成长挂牌企业奖项。2015 年,公司经营管理层按照董事会制定的战略规划和经营计划,搭建全国产品质量安全追溯公共服务平台,免费开放给所有企业、消费者验证使用,力求成为国内最大的产品单品码库,已形成全国最大的产品信息管理的软件服务商、解决方案提供商和平台运营商。公司积 20 余年防伪行业经验和技术研发成果,打造出安全二维码标识安全防复制,免去因误扫二维码而造成经济或其他损失。同时,基于安全二维码的识读,推广移动端产品"看看吧",完成企业端与消费者端的查验和信息流向管控、销售管控、运营管控、召回服务、售后服务及投诉渠道。2015 年 12 月,研发出 SaaS 服务平台为中小企业,提供追溯类、营销类的 SaaS 服务,完成服务企业数量的快速提升。

中钢网(831727):营收高增长的中部地区钢铁电商领军企业

1. 主营业务:中钢网运营的中国钢材网集钢铁资讯、电子商务、现货搜索平台、钢材电子交易为一体,提供一揽子专业的 B2B 电子商务应用服务(客户营销推广、网络广告宣传、现货电子交易、企业网站建设、网站会员服务、钢材分销等),是专业为钢材及相关产品提供现货型电子商务信息平台、交易平台以及基于平台交易衍化的一体化增值服务的大型行业门户网站。

2. 营业收入:2015 年年报营业收入为 74 亿元,同比增长 1 541.21%。

3. 归母净利润:2015 年年报归母净利润为 –4 906 万元,同比增长 –520.64%。

4. 挂牌时间:2015 年 1 月。

5. 增资情况:2015 年增发 2 次,共融资 1.04 亿元。

6. 背后券商:中泰证券(原齐鲁证券)。

7. 近一年有无收购或并购:截至发稿时止,钢钢网拟 1.2 亿元认购中钢网 2 000 万股。

8. 企业特色:

(1)中部地区钢铁电商领军企业。在移动端和固定端拥有电子交易、在线支付、钢材信息、终端采购招标、集采分销等系统,线上现货交易平台收入现有签约钢铁企业 63 家,主要业务模式为"分销+自营"。公司的盈利模式包括钢贸相关的广告费、平台会员费等。网站目前拥有注册用户 25 万多家,日活跃用户 2 万,日成交峰值 16.3 万吨。公司目前主要业务范围为中部七省,区域内具有较高的客户数量和市场占有率,为区域钢铁电商龙头。公司立足核心地区向周边区域辐射,未来将由区域钢铁电商龙头向全国性钢铁电商发展。钢铁电商解决了上下游在信息、货物、资金三方面的流转效率问题,同时为终端用户降低了成本,解决了多方面痛点，因此对整体钢铁贸易起到了良好的促进作用。

（2）与竞争对手区域错位，增长速度领先。国内钢铁电商大量涌现，据统计仅2015年上半年各类钢铁电商平台数量达到近300家。由于钢铁有一定运输半径限制，钢铁电商也呈现了一定的地域性。目前，国内几大主要电商都集中在上海地区，业务覆盖范围也以华东、华南地区为主。公司利用身处中部的初始资源优势，覆盖中部七省，与主要竞争对手的覆盖区域形成一定错位。而这一区域钢铁电商数量较少、覆盖率不高，为公司发展提供了更加广阔的空间。公司的收入规模位居行业前列，与钢银电商较为接近。

（3）相对轻资产的商业模式。平台撮合为主（自营占比逐渐下降），采用第三方物流（APP实时监控）和第三方金融，因此公司在各项周转率上均处于行业领先水平。OEM+合伙人模式拓展发展空间。公司利用自身信息优势，对接上游煤炭、矿产等行业及下游终端客户需求，向钢材加工企业提供包括生产原材料和下游订单在内的全部必要元素，形成完整的OEM定制加工模式。有利于积累用户流量和黏性，形成从钢铁全产业链信息和交易平台，拓展了未来发展空间。公司拓展合伙人模式，通过地方钢贸商认购股份，建立与优质渠道绑定式合作关系，公司向合伙人提供优质的信息、交易平台、金融支持、人员培训等服务，以此占据相应区位的优势物流、终端渠道。合伙人可获取股份、经营收益及互联网企业优惠政策，公司有望借此建立渠道资源壁垒。

哇棒传媒（430346）：营收持续翻倍的移动互联网广告营销方案提供商

1. 主营业务：提供专业的移动互联网广告全案策划，为广告主提供精准高效的广告投放。

2. 营业收入：2015年年报营业收入为2.22亿元，同比增长120.5%。

3. 归母净利润：2015年年报归母净利润为2 431万元，同比增长70.28%。

4. 挂牌时间：2013年12月。

5. 增资情况：2014—2015年共增发4次，共融资2.83亿元。

6. 背后券商：东北证券。

7. 近一年有无收购或并购：2015年以1.26亿元现金收购昊海金桥，持股比例达70%。

8. 企业特色：

（1）行业景气、增长迅速、盈利提高。随着移动互联网广告行业的飞速发展，公司努力抓住市场机遇，加大了新客户的开发力度，市场份额得到明显提升；同时，凭借良好的营销服务能力、DSP 平台技术优势及媒体资源优势不断扩充客户服务项目，从营销及产品的角度上为客户提供 360° 服务，帮助客户策划线上线下活动，协助客户进行产品功能优化升级，助力客户解决各类广告推广问题，得到客户信赖。报告期内，公司新客户增多、主要客户的广告投放金额明显增加，实现了公司业务持续高速增长。

（2）完善移动广告产业链布局，扩大业务规模。公司继续完善移动广告产业链上的布局，扩大业务规模，实现业务协同效应，为客户提供更加全面的营销服务。公司在 2015 年度积极布局，并开始实施外延扩张战略：设立全资子公司专业从事移动 DSP 广告平台的研发和运营及大数据研究；设立全资子公司涉足手游业务，探索更立体的移动营销新模式，涉足手机游戏业务领域，手游与移动广告的深度结合；通过定增增强资金实力，为高速增长打下基础；成功收购昊海金桥 70% 股权，在媒体与客户资源方面形成资源协同。昊海金桥成为公司控股子公司，将深度补充公司的客户与媒体资源，丰富公司的媒体及用户数据。

企源科技（833132）：国内"管理+IT"咨询领导企业，打造中国版埃森哲

1. 主营业务：以高端咨询切入，中端信息技术落地，外包持续跟踪服务的串行业务组合，更好地为客户提供全程战略落地服务。

2. 营业收入：2015 年年报营业收入为 3.81 亿元，同比增长 77.66%。

3. 归母净利润：2015 年年报归母净利润为 2 549 万元，同比增长 2 626.02%。

4. 挂牌时间：2015 年 8 月。

5. 增资情况：2016 年共增发 1 次，融资 1 980 万元。

6. 背后券商：中信建投。

7. 近一年有无收购或并购：2015 年 12 月，上海企源科技股份有限公司拟受让上海起航软件科技有限公司 8% 股权，作价 200 万元人民币。

8. 企业特色：

（1）行业细分市场有持续发展潜力。在政策的大力扶持下，叠加信息安全产业发展的机遇，本土咨询公司迎来发展良机。2007 年以来，中国管理咨询行业一直保持 16% 的增长率，根据国际比较，预计我国咨询行业 2020 年的市场容量将突破 3 000 亿元。在市场规模快速扩大的同时，"管理+IT"开始成为一个非常重要的细分市场。公司将自身定位于"客户变革推进者的伙伴",通过从管理到IT的综合持续服务,帮助企业与政府实现价值落地。以"管理+IT+外包"的独特市场定位为公司赢得了客户、细分领域份额及成长的空间,目前已成为该模式下国内较大规模的综合服务机构。

(2)积极转型,打造"管理信息化咨询平台+云服务平台+投资孵化平台"三大平台。公司以"管理信息化咨询平台"作为业务入口,以"云服务平台"作为可持续稳定的收入来源,以"投资孵化平台"作为业务杠杆共享客户成长的收益,三大平台业务相互联结,相互交互,相互促进。在外部宏观经济形势持续低迷下行,客户咨询服务需求升级的大背景下,在公司正确战略方向的指引下,在平台合伙人的积极开拓下,2015年公司较好地完成了全年的经营任务。

微传播(430193):在互联网自媒体数字化细分领域收获爆发式增长

1. 主营业务:互联网自媒体营销及互联网广告业务。
2. 营业收入:2015年年报营业收入为4 929万元,同比增长6 362.67%。
3. 归母净利润:2015年年报归母净利润为1 687万元,同比增长914.65%。
4. 挂牌时间:2012年12月。
5. 增资情况:2015—2016年共增发3次,共融资1.17亿元。
6. 背后券商:东北证券、中航证券。
7. 近一年有无收购或并购:2016年拟以现金支付方式对中联畅想(北京)科技有限公司进行增资,金额为1 314.73万元,获其1%股权。
8. 企业特色:

(1)专注细分领域精耕细作,具备核心技术竞争力。公司的主要竞争对手有北大方正、北大青鸟潍坊华光照排有限公司等。公司定位于面向数字化细分领域的印刷排版软件服务提供商,在新兴细分行业中拥有完整的中文及图片排版技术,并拥有跨媒体信息处理技术。公司一直将提高软件研发能力作为提升自身核心竞争力的关键。公司围绕行业发展的最新趋势,通过自主研发已获得12项计算机软件著作权和8项核心技术。公司的软件产品及核心技术已大量应用于向客户提供的产品、服务以及解决方案中,大大增强了公司的业务整合能力和满足客户特殊需求的能力。

(2)做传统印刷出版数字化转型的先行者。目前,传统报业正在转型期,报业越来越意识到新媒体的重要性,随着传统印刷企业间竞争加剧,印刷业整体呈现出以下发展趋势：印刷类企业必须转型为全面的服务提供商；产品的发展基于多种技术的融合；解决方案与客户业务紧密结合。随着数字化产品的应用愈加广泛，传统印刷机装机量每年以 30% 的速度锐减，同时数字快印设备装机量年增长速度超过 30%。公司于 2014 年上半年投入大量精力研发，将目前运行的有图网的产品机构和技术架构进行较大规模的改造；同时，也拓展了有图网适应更多的市场需求，突出的两点使商业用户的订单和以微信内容为首的系列虚拟产品的订单增多。公司顺应行业的变化，已调整业务结构，推出云印刷、自助出版、移动互联网应用等系列产品。

网虫股份（830767）：首家登陆新三板的地方区域民营互联网门户网站

1. 主营业务：专注于提供地方门户网站运营的互联网信息服务，主要业务是以旗下宁夏网虫网站为依托，逐步建立起的网络广告、增值、电子券及网上商城等三大业务。公司主要通过与电信运营商、大型商业连锁集团、银行及联盟商家广泛合作来开展业务。

2. 营业收入：2015 年年报营业收入为 5 929 万元，同比增长 421.99%。

3. 归母净利润：2015 年年报归母净利润为 2 435 万元，同比增长 450.72%。

4. 挂牌时间：2014 年 5 月。

5. 增资情况：2014—2015 年共增发 2 次，共融资 4 100 万元。

6. 背后券商：国泰君安、中信建投。

7. 近一年有无收购或并购：2015 年 12 月 16 日，网虫股份宣布以 160 万元的价格收购宁夏四季速递公司；2016 年 3 月 9 日，网虫股份宣布以现金加股票的方式（合计 1.06 亿元）购买宁夏传释、菲洋广告、银川领航三家公司。

8. 企业特色：

（1）调整发展战略和长远规划，加快推进"互联网+产业链"。2015 年，公司发力互联网+房产及 Hi 生活社区 O2O 项目，积极扩充房地产客户及合作伙伴，为重点客户量身定制互联网+解决方案。通过搭建智慧社区全面解决小区用户的购物、家政、包裹、干洗、送餐、社区银行、公共缴费、政务代办、生鲜菜篮子、业主社群交互、会员体系、物业升级、互联网装修等各类需求，并逐步接入金融、运营商、医疗、教育等高价值增值业务。公司不断提升商家与用户的黏性，继而准确统计和满足客户的多元化、个性化需求，并与地区政府、银行、运营商等尝试共同建设，以便摸索出一条可以全国复制的运营模式，提高市场竞争力和品牌影响力。

（2）自主研发多种适配客户的互联网+应用系统。自主研发了通行证系统、Hi 生活云商系统、网虫会员五折系统、黄河银行信用卡系统、网虫会员五折系统等系统及 Hi 生活系统网站、微信网站、互联网+装修平台、农产品销售平台等。在北京设立了技术研发部，以促使软件产品不断向平台化、网络化和移动化延伸，经营模式逐渐朝协同化、服务化和融合化推进。2015 年 12 月 14 日，与浙江方大通信有限公司签订了《技术服务合同》，为浙江方大通信有限公司提供互联网+信息化改造整体方案暨方大 ERP 管理平台开发，以此标志着业务向全国的扩展。

（3）加强区域新农村领域与政府机构的合作。2015 年 9 月，公司分别与宁夏回族自治区供销合作社联合社签订《战略合作协议》，与宁夏回族自治区供销合作社鼓楼商场签订《互联网+农业增值服务合同》，协议双方共同确定以农村为工作重心，通过合作共建的模式，利用互联网、信息化、金融手段在以下领域进行全面合作，包括但不限于农村互联网+、互联网转型、农产品供销、农村电商、物流仓储、农产品进城市、创业孵化平台、社区服务点、互联网金融、农村医疗、农村教育、跨境电商、农村信息平台、居民生活用品电商模式供销，助力推动新型城镇化和新农村建设。合作有助于丰富公司电商运营模式，增大公司业务的市场份额，提升公司品牌形象和整体竞争力，对公司未来发展具有深远意义。

全景网络（834877）：借新三板发力的老牌互联网数字商业图片提供商

1. 主营业务：自 2005 年创建起始终专注于视觉价值的提升。从传统的图片代理成功转型为"图片搜索+图片电子商务"新型互联网模式，全景不断打造广告/传媒人视觉工作的新平台。

2. 营业收入：2015 年年报营业收入为 8 212 万元，同比增长 126.92%。

3. 归母净利润：2015 年年报归母净利润为 1 225 万元，同比增长 354.99%。

4. 挂牌时间：2015 年 12 月。

5. 增资情况：到目前于 2016 年增发 1 次，融资 5 700 万元。

6. 背后券商：中信建投。

7. 近一年有无收购或并购：无。

8. 企业特色：

（1）致力于打造中国最大的图片库和图片分享网站。该公司是中国早期的数字商业图片库之一，基于互联网平台，从事图片的交易销售并提供相关的增值服务。其盈利模式的核心在于通过代理国内外供应商和摄影师的图片、收购及自拍图片，收取一定比例的版权使用费。公司基于自有版权图片和代理图片授权进行收益与维权，建立了严谨的版权管理制度。2015年，公司扭亏为盈，进入盈利通道。

（2）坚持初心、内容为王——做基于互联网的商业图片库。公司自2005年开始从事图片代理业务，尤其在世界范围内与众多著名图片品牌建立良好合作关系；通过先发优势和规模、资金等，积累有价值的内容及优秀稳定的供应商及摄影师，获得竞争优势。先发优势和行业经验为公司奠定客户资源基础，公司拥有稳定的核心客户群。图片市场高速增长，微利模式兴起。图片市场发展受益于文化事业和文化产业双轮驱动，图片供给和需求高速增长。国内版权环境逐步改善推动图片版权价值进一步实现。2005年以后，Web 2.0及摄影器材的发展促使了互联网图片新的一轮整合，"薄利多销"的微利图片库模式逐渐兴起。全景图片销售平台将实现图片上传、搜索、交易和下载全部在线完成，并且通过移动APP实现PC端和移动端的无缝连接，发展"图片搜索+图片电子商务"。

（3）探索图片分享+图片社交的互联网新模式。互联网读图时代，图片分享在生活各个方面快速扩散。2015年，公司推出图片分享及图片社交的移动客户端APP全景图片（app.quanjing.com），该APP不仅可实现全景图片库所有图片的在线搜索和下载，还能提供图片社交、相册管理等强大功能。在此基础上，公司将全面拓展图片搜索、信息获取、图片社交、图片导购等功能，目标是塑造以图片为依托的全新互联网生态圈。

中科汇联（835529）：内容管理软件龙头企业成为新三板智能客服稀缺标的

1. 主营业务：主营业务为信息化管理软件的研发与销售、信息化系统咨询服务及运维服务等，致力于3C，即内容管理（Content）、协同管理（Collaboration）、电子商务（Commerce）信息化管理软件的研发，主要为政府、金融、企事业单位等机构提供云门户、云服务信息化管理软件，提供智能机器人客服、智慧IT规划、流程优化和策划咨询的一体化解决方案，提供技术娴熟的高级专家和专业的驻场运维服务。

2. 营业收入：2015年年报营业收入为7 659万元，同比增长49.49%。

3. 归母净利润：2015年年报归母净利润为801万元，同比增长45.53%。

4. 挂牌时间：2016年1月。

5. 增资情况：无。

6. 背后券商：中信建投。

7. 近一年有无收购或并购：无。

8. 企业特色：

（1）内容管理软件新三板龙头。公司成立于1999年，是一家长期致力于3C信息化管理软件自主研发的高新技术企业，已成为中国内容管理软件领导品牌、中关村国家自主创新核心区示范企业、中关村软件百强企业，也是国家高新技术企业、双软认证企业、电子政务百强企业和中关村发展集团投资企业。在全球拥有4 000多家政府和企业机构用户，是政府行业、保险银行行业内容管理的第一品牌，也是中国最大的内容管理平台技术提供商。公司总部位于北京中关村，在上海、广州、深圳、成都、济南、武汉、石家庄等城市设有分公司和办事处。中科汇联一贯秉承"中国软件、科技为本、汇粹精英、联结世界"的理念，创新追求卓越和诚信的宗旨，立志成为中国软件行业最具竞争力的企业，汇联信息管理之道，让创新科技服务全球，推动文明传承和社会进步。

（2）致力于智能机器人客服的研发。2012年8月，该公司与清华大学语音语言中心建立联合实验室，开启语音、语义前沿研究；2014年12月，与哈尔滨工业大学建立联合实验室，开启NLP的深度研发；2015年9月，与北京大学计算语言所建立联合实验室，开启情感计算研发。截至2015年，公司已产生20项发明与专利，拥有中文自然语言处理领域的顶尖核心技术。未来，公司将在做大做强传统业务的同时全面推广AiKF爱客服智能机器人+云平台。爱客服基于NLP（自然语义理解）与DNN（深度神经网络）技术，采用智能机器人+人工客服+工单三位一体服务模式，能够实现7×24小时在线。

游戏产业精选的企业

心动网络（833897）：从VeryCD起跑，勾画泛娱乐产业帝国蓝图

1. 主营业务：网络游戏产品的研发和运营，专注于游戏全产业链一站式数字娱乐体验服务。

2. 营业收入：2015年年报营业收入为2.81亿元，同比增长-38.8%。

3. 归母净利润：2015年年报归母净利润为2 393万元，同比增长-61.88%。

4. 挂牌时间：2015年11月。

5. 增资情况：2015年增发2次，共融资3亿元。

6. 背后券商：广发证券。

7. 近一年有无收购或并购：2015年报告期内，公司新设1家全资子公司，新增参股公司12家。

8. 企业特色：

（1）公司品牌在国内极具业内知名度。公司创立于2002年，前身为中国最早的互联网分享网站之一的VeryCD。2009年起，公司开始打造"心动游戏"的自主品牌，致力于网页及移动客户端游戏的研发与运营。经过多年的潜心经营和口碑积累，公司目前已是国内极具知名度的游戏公司、中国互联网百强企业，旗下业务涉及游戏研发运营、动画制作、偶像娱乐等多个产业。

（2）旗下拥有多款自主研发及独家代理，且在业内领先的互联网游戏产品，包括网页游戏（如《天地英雄》《盛世三国》《神仙道》《开天辟地》《盛世三国2》《开天辟地2》《将神》《深渊》《仙侠道》）及移动客户端游戏（如《神仙道》《将神》《仙侠道》《横扫千军》《口水三国》《塔塔塔防陌陌哒》）等众多深受玩家追捧和喜爱的游戏作品。多年来，公司获得"中国最佳运营平台""十佳研发公司""最佳自研游戏厂商"等众多殊荣，其"用心感动"的企业理念深受广大玩家的肯定。

（3）泛娱乐产业链的全方位布局，进一步明确未来发展战略。顺应市场发展，从单纯的游戏研发、运营向泛娱乐化、提供综合娱乐体验服务发展。在游戏业务方面，积极获取优质IP，强化产品储备，避免对单一游戏过于依赖，以推动公司业绩稳健增长；在游戏业务之外，积极进军娱乐行业、媒体渠道、动漫等综合化文化娱乐产业。为了保持公司的持续发展，公司在产品布局和发行推广上持续进行投入，主要包括对两款新游戏的上线推广以及《仙境传说》IP授权的取得。目前，公司所投资企业涉足泛娱乐产业上下游，包括动画制作公司、游戏研发公司以及游戏媒体公司，以期能为公司提供稳定的产品储备和潜在的IP来源，同时也能通过媒体渠道为公司的游戏发行提供支持。

小奥互动（836031）：不断探索前行的国内移动终端游戏先驱

1. 主营业务：移动终端游戏的研发与运营工作。目前，公司主要产品包括移动终端单机游戏、移动终端网络游戏等。

2. 营业收入：2015年年报营业收入为5 292万元，同比增长 -52.33%。

3. 归母净利润：2015年年报归母净利润为2 072万元，同比增长 -57.14%。

4. 挂牌时间：2016年3月。

5. 增资情况：2016年增发实施中，融资9 000万元。

6. 背后券商：招商证券。

7. 近一年有无收购或并购：无。

8. 企业特色：

（1）国内移动游戏的先驱者和精品游戏的追求者。创立于2004年，总部位于北京。作为国内最早的移动游戏研发发行商，集手游研发、运营与推广业务于一体。旗下拥有赛车竞技、飞行射击、休闲棋牌、益智塔防等各类题材的游戏。2005年上线了国内首个手游休闲娱乐平台"小奥游戏城"，在JAVA手机时代开创了手游业务的先河。2012年，发布《3D终极狂飙》一举打破了智能机3D游戏的空白，受到4亿中国用户的喜爱，成为国内首款月收入超千万的手机游戏，不仅带动了整个手游行业的进步，同时也实现了自身业务的飞速壮大。小奥游戏始终坚持着"用心做游戏"的精品理念，自研了《飞机大战》《全民枪神》《奥特曼铠甲飞车》《3D终极狂飙》迭代产品、《美人鱼消消》等游戏，代理发行了《恐龙神奇宝贝》《致命枪杀 Kill Shot》《真实拳击》《小小部队2》等游戏，手游业务覆盖全球。

（2）探索从手游研发发行商逐步向全球发行商的蜕变。在已有的产品线之外，小奥游戏仍在积极探索前行，在布局手游细分领域的同时，也寻求与全球优秀厂商的合作。2015年完成了与EA Chillingo、MadFinger等全球知名厂商的代理合作。与此同时，小奥全球发行的布局也日趋成熟，公司引进了有"手机暴雪"之称的MadfingerGame公司的射击类大作《杀不尽》(*Unkilled*)，与全球知名游戏发行商EA子公司签定了射击策略游戏《小小部队2》的独家发行协议，这些产品预计都将在2016年推向市场，加速公司对射击、策略等多个移动网游细分类别的布局。公司2015年8月手机游戏产品在苹果应用商店上线，促进2015年境外收入增加，AppleInc.的收入占比5.38%。

（3）新研发与代理的顶级新产品在2016年上线后可望带来亮眼业绩。2015年境外收入占比达20.38%，较2014年有显著增长。同期，公司减少了细分类上竞争优势不明显的手机游戏的研发投入，加大了表现突出的细分类手机游戏的研发投入，更多地把重心和研发方向放在有长期发展潜力与竞争优势的分类上，故而国内业绩降低。在2016年新产品上线后，业绩将出现明显增长。

第 7 章

传统产业的新三板投资

第 7 章 传统产业的新三板投资

所谓传统产业是相对于新兴产业而言的，并没有绝对的传统。如今网络几乎已经渗透到了各行各业，许多传统产业都不约而同地上马了互联网技术，抑或是利用互联网思维来再造自身的营销和生产环节。并且新三板中传统产业的企业占据了半壁江山。在未来，这里不少企业很可能变成新兴产业的一员，这取决于企业发展的抉择。出于篇幅和热点的考虑，本章与上一章划分开来，事实上是相辅相成的。

传统产业趋势

金融行业趋势

新形势下，金融行业的变革主要有以下几个方面的表现。

一是金融跨界竞争加剧。经济新常态背景下，金融混业经营愈演愈烈，商业银行和信托公司都将投资银行和财富管理业务作为重要转型方向，保险公司纷纷加大对资产管理业务的投入。

二是互联网金融已成为传统金融行业的一股颠覆性力量。互联网企业布局网络银行等业务，已从单纯的支付服务向转账汇款、客户融资、资产管理、产品代销等传统金融领域渗透。

三是牌照放开和监管转型加剧证券行业竞争。券商牌照和各项业务审批放开，将倒逼证券公司从同质化竞争转向差异化竞争，一人多户和互联网经纪商的准入放开共同加剧经纪业务竞争，经纪业务需在零售化或机构化中作出选择。

未来的金融会全面互联网化，会要求双方都有极高的透明信息，在最短时间内建立信任。投资方与被投资方的信任问题将会直接由互联网的游戏规则进行建立。信息更加透明客观且准确。每一个被投资方的全部信息都会完全公开，未来任何个人信息都将不再是隐私，人们无法再伪造任何虚假信息，也无法遁逃。未来不是政府监管，而是这个世界共同在进行信用监管。

其实早在 2010 年阿里就已经建立了"淘宝小贷"的试水,这次不过是将历史再往前推了一把。金融行业的互联网化是历史潮流的必然发展,已经是势不可挡的趋势。

随着线上消费渗透率的不断提高,预计 2020 年个人消费的线上渗透率将达 20%~30%。根据艾瑞咨询的数据显示,中国互联网消费金融市场交易增速超过 200%,2015 年整体市场规模将突破 2 000 亿元,线上业务将成为未来消费金融业务发展的必争地。但同时,自助式消费贷款平台也为线上审批和线上风控带来全新挑战。对于传统金融机构来说,其所拥有的庞大的分支机构网点和线下触及能力的绝对竞争优势正在慢慢削弱,取而代之的是对线上场景的争夺正变得日益重要。风控和数据是银行的核心竞争力,而线上消费场景则是互联网企业的优势,对线上消费金融业务市场的占领将成为两者的竞合重点。

零售及批发行业趋势

传统零售业对于消费者来说,其最大的弊端在于信息的不对称性。往往外行人对于某个行业的产品定价是完全不知情的,只需要抛出锚定价格,无论情愿还是不情愿,买家事实上基本是乖乖接受。而 C2C 和 B2C 却完全打破这样的格局,将商品的定价真正变得透明,大大降低了消费者的信息获取成本。让尽可能多的人知道商品的真正价格区间,使得区域性价格垄断不再成为可能,也让消费者消费得明明白白。不仅如此,电子商务还记录了大量用户的评论,真正意义上打造了互联网的信任机制,而这种良性循环,是传统零售业不可能拥有的优势。

此外,传统批发业有极大的地域限制。例如在十年前,一个打算在北京开家小饰品店的店主,需要大老远跑到浙江去进货,不仅要面对长途跋涉,而且还需要面临严峻的信任问题。所以对于进货者来说,每次批发实际上都是冒有一定的风险。而近十年中 B2B 的出现和崛起,这种风险被大幅度降低了。一方面,小店主不再需要长途跋涉去亲自检查货品,只需要让对方邮递样品即可;另一方面,B2B 平台建立的信任问责制度,使得买卖双方不需要多次真实见面也能获得可靠的信用评判。

未来的零售及批发业在互联网的影响下,会变成线下与线上的结合,价格同步。同质化的强调功能性的产品将越来越没有竞争力,而那些拥有一流用户体验的产品会脱颖而出。配合互联网大数据,将进行个性化整合与推送。在互联网繁荣到一定程度后,中间代理批发商的角色会逐渐消失,B2C 将取而代之。

仓储物流行业趋势

仓储是货物流通中空间和时间存在差异的产物，涉及供应链各个环节，决定企业的商业模式和管理目标，所以仓储的设计在供应链中处于核心地位。我国仓储业是物流业的重要组成部分，格局是以国有企业为主导，民营与外资共同竞争。但是，我国仓储物流行业与发达国家相比还不成熟：一是行业内传统大型仓储企业盈利差；二是高标准物流设施稀缺；三是仓储工业用地的资源减少、仓储成本增加等因素，导致我国传统仓储企业面临发展困境。

现代物流行业在移动互联时代扬帆起航。电子商务、跨境电商、冷链物流等需求爆发式增长带来对物流业更大、更高以及更个性化的需求。2014 年，中国电子商务市场交易规模达 13.4 万亿元，同比增长 31.4%；而中国跨境电商交易规模为 4.2 万亿元，同比增长 33.3%；未来 5 年冷链流通需求 CAGR 约 25%，至 2017 年市场规模将达 4 700 亿元。对于物流地产和固定资产的投资也趋于旺盛。电商大战进入白热化后期，物流服务成为电商的竞争核心，而仓储作为物流流程前端，是所有电商升级物流服务的痛点。一方面，作为大型电商的代表，阿里和京东纷纷开始建立自己的仓储物流，布局仓配网络；另一方面，作为服务电商的快递企业也开始进入仓储领域，推出"仓配一体化"等新产品。如今，快递龙头企业如圆通、申通等快递企业都提供了该项服务，在原有运输能力之上增强仓储管理能力，以此来加强与电商的合作。

消费品市场不仅倒逼制造业的流通速度加快，而且对仓储需求也逐渐变得专业化和多样化。电商的到来改变了人们的消费习惯，而消费习惯的改变又波及上游物流模式，催生出新的物流模式更加突出了仓储的重要性。在电商不断发展的过程中，电商仓储的形态和管理模式也逐渐发生改变。以京东为例，所选用的区域仓模式基本可以满足消费者对时效性的需求。现代物流地产所建设的高标准现代化仓库正好可以满足电商需求，目前电商已经成为物流地产的主要客户。

从产业链和物流行业竞争格局看，一般物流行业产业链包括需求层、基础设施、装备供应商、服务供应商和政府监管部门。物流业进入壁垒相对低，物流企业数量很多，行业的集中度低，整体效率低下，与之对应的就是羸弱的盈利能力。

在政策推动和行业整合方面，国家层面对于物流业的关注度逐年提升：2012 年政府工作报告提出推动流通的标准化、信息化建设，提高流通效率，降低中间成本；2014 年政府工作报告再次提出降低流通成本，促进物流配送、快递业和网络购物的发展，充分释放十几亿人口蕴藏的巨大消费潜力。行业竞争加剧落后产能淘汰，土地、资金、人力等成本上升带来价格战，使得行业集中度持续提升。

第三方物流和物流信息管理系统迎来重大发展契机。物流服务的本质是通过降低物流成本创造"第三利润源"。第三方物流的服务对象是众多的企业、货物，服务商将众多分散的货物集中起来，通过信息技术系统处理大量的物流信息，统筹安排，优化配送路线，有效降低车辆空载率。同时，货物仓储由静态管理变为动态管理，周转率加快，仓储设施使用效率大大提高，物流服务的成本大幅降低。以往物流行业效率低下的重要原因是信息不对称和信息流动不畅，物流企业各自为政、物流信息系统建设功能重复、数据不规范、无法互联互通等问题促使物流行业对于行业信息资源的整合需求日益强劲，因此构建高效的物流信息平台势在必行。

传统制造业趋势

目前，我国传统制造业正面临以下问题。

一是老龄化和用工荒导致人工成本上升，制造业单个工人平均月用工成本从2009年到2015年翻了一番。

二是资源储量消耗过多导致资源价格快速上升，苏州和东莞两大制造业基地的工业用地挂牌均价5年内分别增加了52%和24.3%，煤炭基础储量出现缩减趋势。

三是环境污染形势严峻，工业废气排放总量、工业固废产量、废水排放量和烟尘排放量仍然居于高位。

由此可见，原有的粗放型增长已经不具备可持续性，我国制造业正在由资源、劳动密集型产业向技术、资本密集型产业升级。我国制造业纵向看正在走向高端化，横向跟德国、日本等制造业强国相比仍然处于较低水平。

在中低端制造领域，劳动力成本、财务成本及其他生产资料成本的攀升削弱了制造业红利，而品牌与创新又来不及填补这个缺口，使得中国的低端制造处于恶性竞争的环境下。在高端制造领域中国还没来得及转型升级，欧美已开始重振制造业，积极推动工业革命。

中国制造业底部回暖，PMI指数荣枯线附近徘徊，信心指数窄幅震荡。从宏观数据分析发现，中国装备制造业正在稳定回暖。专用设备、电气设备、通用设备、仪器仪表四个子行业，在 2012—2015 年的主营收入增长持续稳定，利润总额增长加速；此外，销售利润率也较为稳定，说明装备制造行业销售收入的增长依靠生产效率的提高多于依靠生产规模的提高，生产企业开工率、产能利用率、自动化率同步提高，生产管理体系、销售体系、研发体系都在同步加强。

　　传统的制造业都是封闭式生产，由生产商决定生产何种商品。生产者与消费者的角色是割裂的。但是在未来，互联网会瓦解这种状态，未来将会由顾客全程参与到生产环节当中，有用户共同决策来制造他们想要的产品。也就是说，未来时代消费者与生产者的界限会模糊起来，而同时传统的经济理论面临崩溃。这也注定要诞生 C2B 全新模式。就像维基百科超越大英百科全书，是从底层爆发出无限的力量一样。

新三板传统产业概览

金融行业新三板企业概览

金融类企业在新三板挂牌的政策限制

　　金融股在新三板上一直是一个特殊的存在。时至今日，在新三板挂牌企业市值前十强中，金融股占到了 7 家，分别为九鼎集团、中科招商、硅谷天堂、华龙证券、南京证券、信中利以及东海证券。九鼎集团、硅谷天堂、中科招商更是包揽了前三名的宝座。2015 年新三板的多元金融企业定增实际募集金额超过 422 亿元，占比全部挂牌企业的比重高达 32%。新三板定位于服务创新创业型中小企业的市场功能被大大削弱。除此之外，新三板挂牌私募股权投资（PE）定增举牌高潮已经引发监管部门的关注，且以 P2P、小贷为代表的公司风险正在加大。

　　由于监管机构于 2016 年 1 月 22 日出台了严格的条件限制，自 2016 年 1 月 21 日起，华龙证券在新三板挂牌到现在已经有几个月的时间，新三板上再无金融类公司新增挂牌。在此之后，全国股转系统于 5 月 27 日发布《关于金融类企业挂牌融资有关事项的通知》（以下简称"通知"）。目前，最新的挂牌准入标准如下。

针对"一行三会"监管的企业

对中国人民银行、中国银监会、中国证监会、中国保监会监管并持有相应监管部门颁发的《金融许可证》等证牌的企业,按现行挂牌条件审核其挂牌申请,对其日常监管将进一步完善差异化的信息披露安排。

针对私募机构

全国股转公司在现行挂牌条件的基础上,对私募基金管理机构(以下简称"私募机构")新增以下 8 个方面的挂牌条件。

1. 管理费收入与业绩报酬之和须占收入来源的 80% 以上。
2. 私募机构持续运营 5 年以上,且至少存在一支管理基金已实现退出。
3. 私募机构作为基金管理人在其管理基金中的出资额不得高于 20%。
4. 私募机构及其股东、董事、监事、高级管理人员最近三年不存在重大违法、违规行为,不属于中国证券基金业协会"黑名单"成员,不存在"诚信类公示"列示情形。
5. 创业投资类私募机构最近 3 年年均实缴资产管理规模在 20 亿元以上,私募股权类私募机构最近 3 年年均实缴资产管理规模在 50 亿元以上。
6. 已在中国证券基金业协会登记为私募基金管理机构,并合规运作、信息填报和更新及时准确。
7. 挂牌之前不存在以基金份额认购私募机构发行的股份或股票的情形;募集资金不存在投资沪深交易所二级市场上市公司股票及相关私募证券类基金的情形,但因投资对象上市被动持有的股票除外。
8. 全国股转公司要求的其他条件。

针对其他具有金融属性企业

小额贷款公司、融资担保公司、融资租赁公司、商业保理公司、典当公司等具有金融属性的企业(以下统称其他具有金融属性企业)大多处于新兴阶段,所属细分行业发展尚不成熟,监管政策尚待进一步明确与统一,面临的监管形势错综复杂,行业风险突出。在相关监管政策明确前,暂不受理其他具有金融属性企业的挂牌申请。对申请挂牌公司虽不属于其他具有金融属性企业,但其持有其他具有金融属性企业的股权比例 20% 以上(含 20%)或为第一大股东的,也暂不受理,对已受理的,予以终止审查。

2016年以来，最早挂牌的上瑞控股其旗下含有典当、私募股权投资、商务等子公司。随后挂牌的泰鑫小贷和元丰小贷主营为小额贷款服务。众信易诚、龙琨保险分别为保险代理公司，华龙证券是一家传统的综合类证券经营机构，在此之后再没有金融或类金融企业在新三板挂牌。

金融类挂牌企业普遍业绩出色

截至 2016 年 5 月 20 日，已公布年报的新三板挂牌公司中，有超过 85% 的企业实现盈利。在净利润规模排名前十的公司中 9 家是金融企业，包括 2 家券商、1 家银行、1 家信用担保以及 5 家 PE。其中，排名前五的企业净利润均超过 10 亿元。

净利润规模排在首位的是湘财证券，其 2015 年年报显示，报告期内实现营收 30.28 亿元，同比增长 50.53%；实现净利润 12.39 亿元，同比增长 55.21%。与 A 股上市券商相比，湘财证券无论是营收规模还是净利润规模均超过了 A 股的太平洋证券，营收增长速度也接近国元证券。湘财证券表示，报告期内公司在战略发展、风险管理、持续创新和经营业绩方面都取得了良好的成绩，公司证券经纪业务、资产管理业务、投资银行业务等主营业务均实现较好增长，手续费及佣金净收入增加使公司净利润大幅增长。

盈利规模在第二位的是齐鲁银行，2015 年实现营收 42.32 亿元，同比增长 19.84%；实现净利润达 11.96 亿元，同比增长 9.27%。与 A 股上市银行相比，无论是营收规模还是净利润规模都相去甚远，但净利润增速却超过工商银行、农业银行等传统大行，仅次于平安银行、北京银行。

硅谷天堂以 11.92 亿元的净利润规模居于目前新三板公司盈利榜第三位，同比增长 649.7%。

从退出项目的数量来看，成功退出项目最多的是硅谷天堂，达到 73 个，退出金额总计 70.1 亿。九鼎集团和中科招商分别以 42 和 32 个退出项目紧随其后。

金融类企业结合新三板的趋势

结合国际投行的经验来看，我国证券行业中长期内必将面临业务的转型，投行、资管和做市交易将是行业转型的三大方向。

首先，投行业务是行业业务结构转型未来 3~5 年内确定性最强的方向，其根本推动力在于直接融资市场的快速发展。截至2015年底，直接融资市场规模达8.6万亿，同比增长53%，这就为券商投行业务提供了大量的机会。

其次，伴随居民可支配收入及财富储蓄的不断增加，资管业务也将长期稳定增长。加上低息周期带来的红利，券商资管业务的投研及品类优势将在未来3~5年中逐渐凸显。

最后，做市交易业务可谓是改变盈利驱动力的关键。截至2016年5月20日，新三板有7 284家挂牌企业，其中采用做市转让的有1 520家，而对应的做市商仅为85家。随着市场的发展，尤其是分层机制的落地，做市业务将迎来更多机会。

对于PE企业，新三板提供了两个方面的主要支持。

首先是资金方面，挂牌新三板为PE企业拓宽了融资渠道。PE企业通过成立基金进行募资，通常会有基金周期的限制，目前市场上人民币基金的募集时间较短。而挂牌新三板后，作为公司进行融资，可以获得长期资本进行业务拓展，打破基金周期的限制。PE挂牌企业在2015年的定向增发规模达到百亿，足以看出新三板为PE企业发展壮大所做的资金支持。

其次是退出渠道。由于国内IPO发行缓慢，PE机构很多前期基金面临到期却无法按时退出的窘境，LP流动性需求迫切。挂牌新三板后，LP可以通过定增将持有的基金份额置换为挂牌公司股权，通过做市或者协议转让等提前获得流动性，为LP退出开辟了新通道。

零售及批发行业新三板企业概览

一直以来，作为传统行业的批发和零售业企业的上市热情并不很高。一是在市场竞争激烈的背景下，企业成长性不高；二是上市使得公司的财务必须规范，这将影响企业的盈利能力。目前在新三板挂牌的批发和零售业公司，集中了各行业的零售贸易公司和市场营销中所需的上游、中间商和下游公司。

经历了行业寒冬、电商冲击以及互联网时代消费习惯的巨变，国内零售业的市场格局愈加趋于集中和走向分化：已经发展到一定规模的企业由外延的投资高增长期进入缓慢增长期，进入到已融合了互联网技术作为主体的数字化、电子化转型，并通过资本市场不断整合以扩大规模效应、提升竞争力；而一些实力相对弱小的零售商由于缺乏资金支持，在互联网转型上面临被兼并和淘汰的风险。据一些业内人士观察，对于一些销售规模在 10 亿元左右，具有稳定盈利能力的区域实体零售企业而言，新三板几乎是当下最好的资本切口。

截至 2016 年 5 月 20 日，新三板挂牌的零售及批发业企业共 256 家，做市家数 48 家，协议转让家数 208 家，总市值 708.29 亿元，市盈率 32.06，其中市盈率数据在新三板的证监会二级行业分类中排名第四，属于很靠前的位置。不过，虽然新三板对企业挂牌门槛要求较低，但对企业利润要求有较高的成长性，而传统零售行业已进入到慢增长期，利润微薄，再要求 20%~30% 的增长率不太可能。

仓储物流行业新三板企业概览

传统仓储物流行业前途光明道路曲折，效率待提升。市场规模和历史发展方面，社会物流需求快速上升，幅度明显高于同期 GDP 增幅；社会物流总费用占国内生产总值比重约为 16.6%，远高于发达国家；管理分散、信息不对称等因素造成物流产业整体效率低、成本高。

资本市场对仓储物流行业表现出了持续的热度，使得很多物流企业纷纷寻求挂牌新三板或者上市，想要在巨大的市场中分一杯羹。虽然扎堆容易导致市场被分散，企业利润下滑，但是从已挂牌物流企业的年报中可以看出，九成仍处于盈利状态，并没有受到太大影响。从新三板物流企业的业务范围来看，物流行业之下的细分领域还是稍有不同的，以物流运输、仓储等为主导的企业，在盈利及利润上稍有优势，以物流运输以及相关辅助服务为主导的企业，在盈利及利润上有所落后。

截至 2016 年 4 月 20 日，新三板挂牌的物流企业共 17 家，做市家数 3 家，协议转让家数 14 家，总市值 28.68 亿元，市盈率 17.33，其中市盈率数据在分类中排名比较靠后。

传统能源和原材料新三板企业概览

2016 年 4 月召开的石化产业发展大会发布了《石油和化学工业"十三五"发展指南》。《指南》提出了"十三五"行业的发展思路，包括要坚持把"调结构"和"稳增长"作为行业发展的两大主要任务；把提升传统产业和培育战略新兴产业作为两大主攻方向；以创新驱动、深化改革为两大发展动力，强调以绿色可持续发展和扩大国际合作作为两大战略重点。确定了"十三五"行业的六大发展目标，包括经济总量平稳增长，全行业主营业务收入年均增长7%左右，到2020年达到18.4万亿元；结构调整取得重大进展；创新能力显著增强；绿色发展方式初步形成、品牌质量稳步提升以及企业竞争力明显提高等。

截至2016年4月20日，新三板挂牌的石油和天然气燃料企业共25家，做市家数7家，协议转让家数18家，总市值106.52亿元，市盈率23.35，其中市盈率数据在新三板的证监会二级行业分类中排名中游。

传统制造业及技术服务新三板企业概览

未来的制造业在战略新兴产业领域会有很大的发展空间。截至2015年末，新三板挂牌公司行业分布中，制造业为2 744家，占比高达53.5%，排名第一，而这其中过半是战略新兴产业中的高端制造业。

此外，公司数据也佐证行业基本面出现较为确定的改善：一是收入高增长同时盈利能力也同步增长；二是业绩回暖公司的比例连续3年提高；三是存货周转数据波动规律体现去库存接近尾声；四是经营性现金流短缺状况相对没有改善，实业还是资金紧张。

装备制造业行业的特点，决定了小公司爆发成长的概率很小，从新三板数据来看，大部分成长性不佳；盈利能力又体现出鲜明的小公司扩张转型期费用高的特点。从目前来看，新三板市场基本处于"制造业+互联网"的行业发展格局中。除了新三板市场历史发展因素外，在国家大力鼓励技术创新、大力推动"互联网+"以及中国"工业4.0"等改革政策的前提下，新三板也将目前最具创新发展潜力的制造业与互联网企业充分接纳，很好地发挥出为中国经济创新驱动发展提供投融资渠道的良好功效。

医疗服务行业新三板企业概览

国内医疗健康服务业是有望维持长期景气的朝阳行业。我国医疗服务行业近年来发展迅速，2009—2013年卫生费用增长80%，但从人均卫生费用、人均政府卫生支出以及每万人医师数量等方面来看，医疗资源仍相对不足。在2020年健康服务业总规模达到8万亿元以上的目标规划下，行业前景广阔。并且，人口老龄化必然趋势下的刚性需求以及消费升级带来的多元化医疗需求将推动行业维持相当长时间的高景气度。

这样的景气度主要体现在公立医院改革不断推进，民营医疗机构加速崛起，行业整体处于政策红利期。我国医疗服务市场蕴涵巨大容量，目前以公立医院为主要行业主导。2009 年国家启动新一轮的医疗卫生体制改革，其中公立医院的改革和社会化办医的积极推进是两大主要方向。

1. 公立医院改革。针对医疗资源分布和医疗机构收入不均衡的问题，推进分级诊疗制度，破除以药养医体制，并引入社会资本，发展投资主体多元化的医疗体系。
2. 民营医疗机构加速崛起。随着新医改的推行，多元化的医疗体制得到大力推动和发展，政策的放开为社会资本进入医疗服务行业提供了机遇。截至 2013 年，我国民营医疗机构数量达 11 313 家，床位数量从 2009 年的 33 万张发展到 2013 年的 71 万张，年复合增速为 21.11%。当前政策对社会资本办医的鼓励日趋明显，从放宽审批准入、医师多点执业到纳入医保定点范围等一系列配套政策的松绑，给民营医疗机构创造了前所未有的发展机遇。一方面，专科连锁的集团化医疗机构，标准化的模式具有较强的可复制性，利于企业迅速扩张，实现规模效应；另一方面，服务制胜的高端医疗机构，收入水平的提高拉动医疗服务的需求升级。

截至 2016 年 4 月 20 日，新三板挂牌的医疗服务企业共 67 家，做市家数 17 家，协议转让家数 50 家，总市值 190.41 亿元，市盈率 28.55，其中市盈率数据行业分类中排名靠前。

传统行业的新三板企业精选

金融行业新三板企业精选

九鼎集团（430719）：新三板市值第一的 PE 千亿巨无霸

1. 主营业务：私募股权投资管理，主要服务是为基金出资人提供股权投资方面的理财服务。公司通过募集私募股权投资基金并将其投资于企业的股权，一方面能够满足基金出资人的投资需求，另一方面能够为成长性好、具有发展前景的公司提供经营发展所需的股权资金。
2. 营业收入：2015 年年报营业收入为 25.26 亿元，同比增长 267%。
3. 归母净利润：2015 年年报归母净利润为 5.81 亿元，同比增长 66.47%。

4. 挂牌时间：2014年4月。

5. 增资情况：2014—2015年增发3次，共融资158亿元。

6. 背后券商：西部证券。

7. 近一年有无收购或并购：2015年5月收购中江地产（600053.SH）母公司中江集团100%的股权，间接持有上市公司72%的股份；中江地产以9亿元现金买下九鼎集团的PE资产昆吾九鼎，上市公司更名为九鼎投资；作为私募参控股子公司95家。

8. 企业特色：

（1）新三板市值第一，首家千亿市值的新三板挂牌企业。九鼎集团的迅速发展得益于2014年4月在新三板挂牌，当年就完成了近60亿元的定增，并首创性地向自己的投资人（LP）定增。通过这种创新，九鼎集团总资产从挂牌前的不足7亿元在挂牌后半年内快速成长到2014年底的131亿元，负债率从90%以上下降到13%。经过2015年的一轮暴涨后，九鼎集团的市值一度超过1 000亿元，与资金管理规模达到3 000亿美元的黑石集团市值相当。

（2）轰轰烈烈的借壳上主板的资本运作。2015年5月，九鼎集团豪掷41.5亿元收购中江地产（600053.SH）母公司中江集团100%的股权，从而间接持有上市公司72%的股份，成为中江地产大股东。接下来，中江地产以9亿元现金买下了九鼎集团的PE资产昆吾九鼎，上市公司也更名为九鼎投资。由此九鼎成功将PE业务注入上市公司，坐拥上市公司资本平台，一番运作令市场惊叹。然而，就在九鼎投资准备向母公司九鼎集团定增120亿元时，2016年1月29日，证监会对九鼎投资发出非公开发行审查反馈，质疑上市公司先购买大股东资产、再向大股东发行股份募集资金是否在规避监管，要求九鼎投资说明是否构成私募股权投资业务的借壳上市。除了对借壳合规性的质疑，证监会还一针见血地要求保荐机构核查同创九鼎认购此次非公开发行的资金来源，核查九鼎集团于新三板募集资金的披露用途与合规性。尽管如此，九鼎集团依然继续推进借壳上市的进程。九鼎集团借壳虽然是在规则之内，但是与多层次资本市场支持中小企业的政策和监管理念相冲突，其操作手法在行业里是不被推荐和鼓励的，即使被监管者通过，也在很大概率上不会形成未来的趋势。

湘财证券（430399）：市值和净利润均排新三板行业前三的券商挂牌企业

1. 主营业务：证券经纪；证券投资咨询；与证券交易、证券投资活动有关的财务顾问。

2. 营业收入：2015 年年报营业收入为 30.28 亿元，同比增长 50.53%。

3. 归母净利润：2015 年年报归母净利润为 12.12 亿元，同比增长 53.55%。

4. 挂牌时间：2014 年 1 月。

5. 增资情况：无。

6. 背后券商：西南证券。

7. 近一年有无收购或并购：无。

8. 企业特色：

（1）稳步推进经纪业务与互联网的融合。公司的经纪业务是公司最大的收入来源，近几年，公司从组织架构、业务流程、金融产品和服务方式四个方面加强和改进证券经纪业务，有机融合线下线上业务，继续着力打造互联网券商。一是打造全新互联网证券营业。2015 年初，公司正式获准开展互联网证券业务试点，为了给投资者提供更便捷、优质的互联网金融服务，公司新设了上海陆家嘴证券营业部，对网上客户进行集中式服务和管理。该营业部作为公司互联网证券业务试点的平台，截至 2015 年 12 月底，开户数已经突破 40.2 万户，托管资产逾 200 亿元。二是利用互联网技术全面提升服务质量本年度针对金禾网上交易进行了多次重大更新，增加了大宗交易、上证 LOF 的申赎、拆分合并支持、新网络投票功能、隔日预约委托、天天盈收益查询共六大功能模块。

（2）大力拓展创新业务，加强风控和合规管理能力。2015 年公司新取得了托管业务资质、代理证券质押业务资格、上市公司股权激励行权融资业务试点资格，并创新推出了"融易赢"小额融资打新业务。融资融券业务、股票质押式回购业务、金融产品代销等创新业务得到了迅速发展。在战略发展、风险管理、持续创新和经营业绩方面都取得了良好的成绩，2015 年公司在证券公司分类监管评级中被评为 A 类 A 级。

中投保（834777）：挂牌新三板的国内投融资担保行业旗舰股

1. 主营业务：担保业务，包括融资性担保、金融担保和履约类担保等。

2. 营业收入：2015 年年报营业收入为 13.83 亿元，同比增长 –6.39%。

3. 归母净利润：2015 年年报归母净利润为 6.03 亿元，同比增长 357.2%。

4. 挂牌时间：2015 年 12 月。

5. 增资情况：2016 年董事会预案公告定增计划，截稿时尚未经股东大会公告。

6. 背后券商：国泰君安。

7. 近一年有无收购或并购：无。

8. 企业特色：

（1）品牌号召力强，背景深厚。作为担保业的旗舰企业，公司受邀作为行业唯一代表参加了国务院总理主持召开的金融企业座谈会；公司积极参与银担合作，公司总裁当选为银担合作联席会议融担行业首任轮值主席；契合国家的政策导向，公司组织调配力量完成并提交了国家融资担保基金组建方案，得到了有关部门的认同。

（2）通过强强联合赢得高回报。公司配置的长期投资陆续进入回报期。公司投资参股的中国国际金融股份有限公司年内在港交所主板上市，股权价值进一步得到资本市场的认可。中短期投资方面，公司坚持审慎操作，及时调整资产配置和投资比例，实现了较好的风险调整后收益。中投保信裕资产管理（北京）有限公司将固定收益类资管产品作为主要产品方向，积极探索有增信特色的资管业务，业务开局良好。在互联网金融开拓方面，公司同蚂蚁金融服务集团、恒生电子股份有限公司联手打造的网金社正式开业，业务发展势头良好，截至2015年12月底，平台累计成交金额突破120亿元。

零售及批发行业新三板企业精选

三信股份（831579）：地方连锁超市借力新三板融资平台

1. 主营业务：便利超市的连锁经营。公司设立以来业务不断扩展，连锁门店遍及菏泽地区，已成为鲁西南地区门店最多的本土连锁超市。

2. 营业收入：2015年年报营业收入为3.79亿元，同比增长11.06%。

3. 归母净利润：2015年年报归母净利润为791万元，同比增长42.88%。

4. 挂牌时间：2014年12月。

5. 增资情况：2015年定增1次，共融资990万元。

6. 背后券商：齐鲁证券。

7. 近一年有无收购或并购：无。

8. 企业特色：

（1）改革开放引入的港资早期投资的企业。公司始创于1992年，是香港三信集团在大陆投资的相关企业，主要从事超市连锁、化妆品连锁、电子商务、农副产品整合基地、绿色食品代工、物流配送、商业投资、房产中介连锁等一体化经营的商业集团公司。三信集团现有正式员工2 000余人，自有物业经营面积60 000平方米。

（2）地区零售商试水互联网营销。通过打造核心商品体系，通过线上以店为单位的互联网营销，建立了三信自己的粉丝组织，通过线上导流、线下交易，形成了三信自己的社区连锁＋互联网导流＋绿色基地产品营销的经营特色。另外，公司运用"企业＋互联网"先进的销售模式将商品分享到全国各地，全力打造一个"品质三信、健康三信"的良好企业形象。

摩登百货（430689）：尝试转型"实体店＋电商"的地区时尚品牌零售百货

1. 主营业务：经营以时尚穿戴类商品为主的零售业务。
2. 营业收入：2015年年报营业收入为8.61亿元，同比增长-15.81%。
3. 归母净利润：2015年年报归母净利润为702万元，同比增长116.97%。
4. 挂牌时间：2014年4月。
5. 增资情况：2015年定增1次，共融资100万元。
6. 背后券商：广发证券。
7. 近一年有无收购或并购：无。
8. 企业特色：

（1）广州区域时尚连锁百货。公司始创于2002年6月20日，前身是一家民营企业，2007年11月完成股份制改造。公司主要经营以时尚穿戴类商品为主的零售业务。公司通过时尚品牌组合、优胜选址、简美装修、连锁扩张等经营策略，逐渐发展成为广州地区新型时尚百货的领先企业。

（2）创新求变，推进"实体店＋电商"的发展战略。一方面，根据市场变化抓好门店效益，以消费者为王，丰富体验元素，提高门店经营效益；另一方面，大力发展电商业务，确定摩登网是一家专门做促销的网站经营定位，给予顾客真正的实惠商品和全新服务体验，更好地服务消费者，寻求企业发展的突破点。组建电商公司，推进O2O经营模式。根据"实体店＋电商"发展战略，公司组建了电子商务公司，将摩登网定位为一家专门做促销的网站，推出跨境购物和名品特卖两大板块。摩登网着力推进线上线下同品同价，打造O2O经营模式。

（3）利用新媒体开展精准营销。目前，公司与微信等新媒体进行联合营销活动，为"80后""90后"年轻消费群体提供便利。报告期公司获颁2015年微信卡券年度优秀应用商户。

仓储物流业新三板企业精选

明利股份（831963）：新三板仓储龙头企业，开展供应链金融业务

1. 主营业务：主要为客户提供自营和包仓服务。自营即向客户提供仓储保管服务，除了仓储之外，还包括安排出入库、转场、安全管理等服务，费用一般按出入库数量及堆存天数结算。包仓是将一部分堆场或仓库出租给防城港中储粮仓储有限公司等大客户，双方签订场地租赁协议后，由客户自行安排装卸、储运、安全管理等作业，自行承担货物的运输与保管责任；同时，公司对于不符合安全生产要求的作业有权进行监督，按照协议收取租金。

2. 营业收入：2015年年报营业收入为23.02亿元，同比增长44.63%。

3. 归母净利润：2015年年报归母净利润为2亿元，同比增长119.67%。

4. 挂牌时间：2015年2月。

5. 增资情况：2015年定增2次，共融资15亿元。

6. 背后券商：华林证券。

7. 近一年有无收购或并购：2015年年报告期内收购了广西明利化工有限公司100%股权。

8. 企业特色：

（1）广西仓储龙头，深耕本地市场。公司经营本地市场8年，主营食糖、粮食和化工等大宗商品和农产品仓储，仓储土地全部位于钦州港和防城港，占据西南地区最佳出海口，广西又是国内首屈一指的产糖大省，食糖交易频繁，仓储需求较大。两大区位优势为公司塑造了天然护城河。

（2）新开发供应链金融业务，业绩可期。公司2015年上半年新开展的贸易业务实质为以质押回购融资为主要模式的供应链金融业务，即针对有融资需求的客户提供的短期融资服务。公司在不动用自有资金完全充当独立第三方仅提供仓储、风控和交易撮合的情况下，已实现5.9亿元的业务规模成为上半年业绩跨越式增长的最大贡献因素。未来伴随定增资金的投入，业绩释放值得期待。

（3）收购注入磷化工业务，增强了盈利能力。2015 年年报告期内，公司的商业模式较上年度发生变化，增加了贸易、磷化工产品的生产、销售和研发业务。另外，公司以募集资金形式收购了实际控制人所控制的广西明利化工有限公司 100% 股权，注入了磷化工业务，增强了公司的盈利能力。

宏图物流（831733）：基于供应链提供多种延伸增值服务

1. 主营业务：综合物流服务，包括第三方基础物流服务和供应链增值物流服务。作为第三方物流企业，为客户提供运输、仓储、装卸等传统第三方物流服务；基于基础物流服务延伸的增值物流服务，具体包括供应链采购服务、供应链 IT 咨询服务、物流金融服务、线上物流电商平台服务等。

2. 营业收入：2015 年年报营业收入为 3.54 亿元，同比增长 5.13%。

3. 归母净利润：2015 年年报归母净利润为 3 901 万元，同比增长 13.45%。

4. 挂牌时间：2015 年 1 月。

5. 增资情况：2016 年定增 1 次，共融资 1 020 万元。

6. 背后券商：华创证券。

7. 近一年有无收购或并购：无。

8. 企业特色：

（1）深植供应链综合服务，降低成本。公司紧紧围绕"一核两翼"的战略开展经营，继续发挥供应链综合服务业务的优势，对现有业务深耕细作，有效控制运营成本，且前期的技术改造投入开始进入回报期，毛利率得到了提高。

（2）利用供应链 IT 和咨询优势开发新业务。公司利用在供应链 IT 及咨询的优势，积极拓展供应链 IT 咨询服务、物流金融服务、线上物流电商平台服务等新业务，正在推进的前期规划的新项目有三个；公司电商平台"拉货宝"2.0 版本于 2015 年正式上线，公司运营实现突破。

传统能源和原材料新三板企业精选

巨正源（831200）：传统石化企业挂牌新三板获融资支持

1. 主营业务：成品油及其他化工品贸易、仓储和运输。

2. 营业收入：2015 年年报营业收入为 19.63 亿元，同比增长 -2.13%。

3. 归母净利润：2015 年年报归母净利润为 1 082 万元，同比增长 -71.71%。

4. 挂牌时间：2014 年 10 月。

5. 增资情况：2015 年定增 2 次，共融资 2 亿元。

6. 背后券商：爱建证券。

7. 近一年有无收购或并购：无。

8. 企业特色：

（1）改制的地方石化企业，拥有稳定的渠道和客户。公司系由深圳市巨正源石化有限公司于 2011 年 3 月整体改制创立，是面向全国的石油化工流通领域综合服务商。深圳市巨正源石化有限公司创建于 1999 年 4 月 1 日，经过十多年的潜心经营，公司业务不断发展，在国内供油市场建立了较为稳定的购销渠道和客户关系，由最初的单一的石油及化工品贸易商成长为石化产品贸易为主、提供石化产品仓储服务和成品油运输服务的综合性企业。先后获得"深圳市福田区民营百强纳税企业"和"深圳市福田区总部经济企业"称号。

（2）传统石化受宏观经济形势影响程度很深，未来风险较大。2015 年，公司围绕年度经营目标，在国内经济复苏缓慢、下游需求减弱、国际油价走低、市场竞争激烈、人工成本上升以及客户需求变化等多重压力的情况下，公司积极应对，三大业务板块的业务量同比均有上升，但受经济疲软及国际油价走低等因素的影响，公司总体经营业绩同比下滑。

峻岭能源（831417）：成长预期强烈的小规模乡镇燃气企业

1. 主营业务：乡镇燃气设施设备安装和燃气销售业务。

2. 营业收入：2015 年年报营业收入为 5 056 万元，同比增长 59.01%。

3. 归母净利润：2015 年年报归母净利润为 1 949 万元，同比增长 81.26%。

4. 挂牌时间：2014 年 12 月。

5. 增资情况：2015—2016 年定增 2 次，共融资 1.36 亿元。

6. 背后券商：中银国际。

7. 近一年有无收购或并购：无。

8. 企业特色：

（1）根植西南山区乡镇燃气业务，获当地政府大力支持。公司立足于重庆市荣昌县乡镇天然气经营，管网覆盖面积达到 100 平方公里，覆盖人口 20 余万，预计可开发用户5万余户，现已开发天然气用户8 000余户。由于家庭收入水平逐年提高及现在荣昌天然气用户的增长趋势，再通过积极发展具备供气条件的居民客户使用天然气，公司计划在短期内完成剩余用户的开发，实现公司的产值目标。公司重点项目——思南项目受到当地政府的大力支持。伴随着中贵线、中缅线等国内骨干天然气管道进入西部地区，为思南县发展燃气事业提供了良好机遇，在此前提之下，公司提出气化思南县的目标。目标市场供气区域覆盖思南县、湄潭县、凤冈县、石阡县、新蒲新区和德江县，区域内主要用气为居民生活用气、商业用气及少量工业用气，气源来自中贵线遵义站。

（2）多元化经营给未来成长空间带来更大想象。公司通过投标、收购、并购的方式开拓新市场，实现跨区域发展，于五年内实现天然气用户规模达20万户。同时，公司已取得荣吴、荣双两座加油站的建设经营权，两座加油站的建设将为公司在能源供应多元化方向开创出一片新的领域。公司将以多元化发展来实现年产值4亿~5亿元的目标。未来，公司规划依托加油站建立成品油储油库，为加油站提供稳定的油品供应，实现多元化经营。公司计划于十年内形成以油气供应及相关服务为主的综合大型能源投资公司。

传统制造业及技术服务新三板企业精选

仟亿达（831999）：为工业企业提供节能技术方案服务的细分领域龙头

1. 主营业务：以合同能源管理模式从事工业节能领域中的电机节能与余热余压利用项目的投资、研发设计、安装调试、运营管理服务及节能设备销售，主要服务于工业和建筑两大领域。工业领域包括冶金、建材、电力、化工、煤炭、石油、机械、纺织、轻工、医药；建筑领域包括供暖制冷系统、照明系统等。
2. 营业收入：2015年年报营业收入为1.11亿元，同比增长45.62%。
3. 归母净利润：2015年年报归母净利润为4 055万元，同比增长51.94%。
4. 挂牌时间：2015年2月。
5. 增资情况：2015年定增2次，共融资1.47亿元。
6. 背后券商：中信建投。
7. 近一年有无收购或并购：无。
8. 企业特色：

（1）以合同能源管理模式从事工业领域中的节能服务，具备技术领先优势。虽然工业节能业务在我国发展时间较短,但市场化程度较高,行业内企业可充分参与竞争。一方面,行业内规模较大的企业多为知名跨国公司,这些公司总体数量偏少,但实力较强;另一方面,国内企业数量众多,但多数企业进入该领域的时间较短,基本处于快速发展期或成立初期,且规模较小,公司坚持定位于工业节能整体方案的综合解决服务商,在细分市场领域做到了龙头地位,未来发展潜力巨大。

（2）能源管理一揽子综合性专业化服务。依托主要节能技术、知识产权、人力资源等关键要素,通过有效的流程形成了完整的运行系统,主要为钢铁、水泥、化工、医药等高耗能生产企业制定电机系统节能、余热余压利用、能源系统优化等节能方案,后期业务拓展至脱硫、脱硝、三联供、分布式能源、光伏发电等新兴能源节能方案。2016年预计投产及在建和拟建的EMC项目数量达50多个,在手订单充裕。在EMC项目面临下游客户业绩风险的背景下,公司大力拓展天然气分布式能源与光伏分布式能源项目,为业绩增长带来稳定支撑。

基康仪器（830879）：工程结构安全监测领域领军企业

1. 主营业务：主要从事水利工程、水电、交通、市政建设行业工程结构安全监测,业务主要包括振弦式、MEMS、CCD等安全监测仪器的设计、研发、制造、销售以及技术服务。

2. 营业收入：2015年年报营业收入为1.81亿元,同比增长-5.88%。

3. 归母净利润：2015年年报归母净利润为3 475万元,同比增长-4.21%。

4. 挂牌时间：2014年7月。

5. 增资情况：2014—2015年定增3次,共融资2.44亿元。

6. 背后券商：东方花旗。

7. 近一年有无收购或并购：无。

8. 企业特色：

（1）参与新能源和高铁等国家大型重点项目建设。公司是国内最具实力、规模最大的野外安全监测仪器供应商和系统解决方案服务商之一。公司紧跟市场形势,持续深化主要业务的核心竞争力,参与国内大型能源、水利、交通项目建设,不断丰富和完善物联网应用平台的建设,进一步巩固了公司的行业地位。公司在新能源和高铁项目等细分市场取得发展,物联网相关软件产品收入增加,随着公司产品和技术的成熟,成本得到有效控制。

（2）技术研发实力雄厚,营销网络广阔。公司近几年研发费用不断增加,体现公司高度重视对产品研发的投入和自身研发综合实力的提升，目前已拥有多项自主知识产权。另外公司拥有完整的营销网络，在全国划分多个营销区域，及时响应客户要求，提供产品销售、技术咨询服务，已拥有一大批合作关系稳定的政府、企业界优质客户。

（3）公司拥有众多行业准入许可资格，具有较强的竞争优势。公司众多的下游行业如电力、能源、水利、交通等领域，国家实施工业产品生产许可管理，从而使进入相关行业有较高的行业准入限制，行业政策对于相应准入要求严格。公司拥有众多的行业准入许可资格，包括全国工业产品生产许可证（水文、岩土）、计算机系统集成企业资质等，使公司在行业中拥有较强的竞争优势。

苏轴股份（430418）：拥有世界领先技术的轴承生产骨干企业

1. 主营业务：加工及制造轴承、滚针及光学仪器。
2. 营业收入：2015年年报营业收入为2.42亿元，同比增长0.56%。
3. 归母净利润：2015年年报归母净利润为4140万元，同比增长38.46%。
4. 挂牌时间：2014年1月。
5. 增资情况：2015年定增1次，共融资4000万元。
6. 背后券商：东吴证券。
7. 近一年有无收购或并购：无。
8. 企业特色：

（1）老牌轴承骨干企业，具备世界最先进技术。公司成立于1980年11月，是国内最早专业生产滚针、滚针轴承和滚子轴承的专业公司，是按新标准认定的"江苏省高新技术企业"。公司于2003年改制后，被苏州创元科技股份有限公司收购，成为其控股子公司。公司1995年通过江苏省高新技术企业，2000年被批准建立"苏州市滚针轴承技术中心"，在2007年被苏州市政府首批命名为"苏州市科技创新示范企业"，2008年被批准成立"苏州市滚针轴承工程技术研究中心"，2010年被批准成立了"江苏省高性能精密轴承研究中心"。公司现拥有世界上最先进的滚针轴承专业工艺设备。

（2）新产品盈利能力强，成本优势明显。公司在技术研发上取得了较大突破，如和德国博世合作开发的汽车ABS防抱死系统用轴承，2016年1月开始投产，预计年销售收入可达4000万元。此外还与上海大众合作，共同研发四轴驱动的扭矩管理器轴承，目前适用于大众的途观车型，未来市场空间颇大，预计未来可形成年销售收入4 000万元。

（3）以销定产模式，实现盈利最大化。公司在销售模式上采取直销的模式，销售部分为国内业务部和外贸业务部，负责国内和国外业务的拓展，并及时对存量客户进行跟踪服务。同时，公司采取"以销定产"的订单生产模式，降低了企业盲目生产所带来的成本费用，也实现了公司盈利的最大化。目前，公司的产品已远销欧洲、北美、南美以及日本、韩国、印度、马来西亚等国家或地区；公司凭借优质的产品质量，获得了国外客户的认同，形成对本公司产品的采购增量。本年度内，公司产品、市场、经营情况均比较平稳，没有出现大幅波动，也没有对公司产生重大的经营影响。

医疗服务行业新三板企业精选

华韩整形（430335）：知名医疗美容整形连锁集团借助新三板实施收购战略

1. 主营业务：以整形美容、皮肤美容、口腔美容为主的诊疗服务。
2. 营业收入：2015年年报营业收入为3.38亿元，同比增长37.07%。
3. 归母净利润：2015年年报归母净利润为2 940万元，同比增长1 293.06%。
4. 挂牌时间：2013年11月。
5. 增资情况：2015年定增2次，共融资7 335万元。
6. 背后券商：华林证券。
7. 近一年有无收购或并购：2015年11月收购了四川悦好医学美容医院和长沙华美诺德医疗美容医院。
8. 企业特色：

（1）医疗美容行业具有消费和医疗的双重属性，正处于消费升级期。从需求端来看，随着人均可支配收入不断增加，物质型消费向服务型消费升级正在进行中。在4亿女性消费群体创造的"她经济"时代，"美无止境"催生医疗美容市场的庞大需求。从供给端来看，政策推动下行业日趋规范化的发展以及医疗美容技术的更新保障了旺盛需求下行业持续稳定的良性发展。相比国外，我国医疗美容行业还有很大发展空间；目前行业集中度较低，医疗美容机构规模普遍较小，未来存在较大整合空间。

（2）高标准规范经营，医疗实力和品牌输出优势突出。华韩整形是我国医疗美容代表性连锁集团企业。公司下属的南京友谊医院是国内仅有的 3 家三级整形医院中的一家，同时也是国内唯一通过 JCI 国际认证的整形医院。公司以友谊医院为核心，向其他下属整形医院推广 JCI 服务流程。公司通过互联网、电视、户外广告推广业务，积极参与公益活动，品牌认可度不断提升，并且成功吸引到不少海外客户。

（3）推进"收购＋管理"模式持续扩张。公司集团化的运营模式提升管理效率的同时，有效保障了新院的可复制性，促进连锁规模的扩大；公司采取"1+N"的连锁扩张模型，通过轻资产模式加速布局；自成立以来，注重并购扩张，目前拥有六家位于南京、青岛、北京、长沙、成都整形医院，形成了辐射所在城市及周边区域的格局。公司采取控股非全资方式收购，对收购医院进行管理、资源输出，并辅以品牌提升，提高其经营水平，效果良好，目前早期收购整形医院经营情况持续向好。

可恩口腔（830938）：标准化快速复制区域连锁网点的民营地方口腔机构

1. 主营业务：向患者提供各种口腔疾病的诊断、治疗以及口腔健康保健等口腔医疗服务。
2. 营业收入：2015 年年报营业收入为 1.05 亿元，同比增长 63.21%。
3. 归母净利润：2015 年年报归母净利润为 1 257 万元，同比增长 44.41%。
4. 挂牌时间：2014 年 8 月。
5. 增资情况：2015 年定增 4 次，共融资 8 950 万元。
6. 背后券商：江海证券。
7. 近一年有无收购或并购：无。
8. 企业特色：

（1）标准化复制连锁网点，快速实现盈利。公司在 2013 年相继开设的花园路医院（济南可恩口腔医院有限公司）和泉城路种植牙中心（泉城路分公司）在 2014 年实现扭亏为盈，2015 年业绩均实现高速增长，净利润率接近 20%，将逐步进入稳定成长的阶段；2015 年 4 月运营的和谐广场店（槐荫区分公司）报告期内实现收入 1 083.95 万元，实现净利润 -381.26 万元，该网点在 2015 年 9 月就基本实现了日常运营的收支平衡，周期缩短至 6 个月，且建筑面积和投资规模大概是花园路医院（盈亏平衡期在 8 个月左右）的 1.7 倍，若与花园路同等规模的投资网点盈亏平衡期可缩短至 4~5 个月；公司在济南的布局是实现标准化复制的突破，且 2015 年的业绩体现出公司标准化复制能力的大幅提升，预计未来公司在山东省内的扩张将在品牌效应和标准化复制的助力下实现稳步快速发展。

（2）采取区域连锁模式，扩张速度快。公司立足山东区域中高端口腔连锁机构的发展，填补了市场空白，具有一定先发优势，且目前省内尚未有与公司同等规模的民营口腔机构。连锁模式加快了公司的扩张步伐，截至2015年底，公司已在省内开设6家连锁机构，且公司品牌效应初现，标准化复制能力显著提升。未来2~3年公司计划继续深耕山东市场，在全省各地级市相继建立标准化的口腔连锁机构，通过连锁化的复制模式，有望打造成为山东口腔连锁的第一品牌。可恩口腔目前的规模相对较小，导致管理费用和销售费用较高，随着公司连锁医疗机构的增多，期间费用会得到有效降低，净利率还有较大的提升空间。

其他传统行业新三板企业精选

女娲珠宝（832612）：珠宝连锁品牌通过新三板实现资产证券化

1. 主营业务：从事天然翡翠、和田玉的珠宝饰品设计及销售，致力于自有品牌产品的设计、推广及渠道建设，打造中国最具影响力的专业翡翠及和田玉连锁品牌。

2. 营业收入：2015年年报营业收入为3 352万元，同比增长33.27%。

3. 归母净利润：2015年年报归母净利润为468.25万元，同比增长20.46%。

4. 挂牌时间：2015年6月。

5. 增资情况：无。

6. 背后券商：国都证券。

7. 近一年有无收购或并购：无。

8. 企业特色：

（1）通过丰富营销手段促进业绩增长。加盟商进货量增加，自营店铺数量增加，销售额相应增加。在挂牌前后，公司进行了一系列新颖且符合现代市场需求的营销手段；同时，增加了产品种类，丰富货源，降低产品成本，从而达到以优惠的价格吸引加盟商进货及自营店铺零售额增加的目的。另外，公司为了调动加盟商的进货积极性，达到丰富柜台货品刺激销售的目的，对合作时间较长、信誉度良好的加盟商实行了货品扶持的政策，延长其付款账期，这一举措在很大程度上促进了公司销售业绩的增长。

（2）致力打造中国顶级珠宝连锁品牌。旗下拥有"女娲珠宝""女娲本纪""NVWA"等高端珠宝品牌，并且引进意大利顶级K金系列产品，为实现国际化珠宝品牌打下了坚实基础。公司设计出了一套涵盖店面装修装饰、产品陈列、销售话术以及促销拉动消费等多方面要素的零售管理体系，成功引导了门店运营。

了望股份（430199）：金融行业整合公关营销领域龙头企业

1. 主营业务：为金融机构，如银行、保险、证券、基金等提供整合公关营销服务。

2. 营业收入：2015年年报营业收入为3 748万元，同比增长53.16%。

3. 归母净利润：2015年年报归母净利润为209万元，同比增长9.53%。

4. 挂牌时间：2012年12月。

5. 增资情况：2014—2015年定增2次，融资2 788万元；2016年定增正在实施中。

6. 背后券商：东北证券、财通证券。

7. 近一年有无收购或并购：无。

8. 企业特色：

（1）超过十年金融行业公关营销细分领域拼搏，积累了广泛客户资源。该公司是我国最早定位于金融营销服务的商业机构之一，致力于为金融客户提供品牌影响力平台式综合解决方案。公司创办于2002年6月，经过十几年的拼搏，公司获得了客户的一致认可和普遍赞誉，在金融行业营销领域中处于龙头地位。目前，公司已经与50%以上的国有商业银行和股份制商业银行、50%以上的基金公司、国内多家证券公司和保险公司建立了长期合作关系。随着我国金融市场的快速发展，凭借公司在金融营销领域的先发优势，未来将获得快速发展，市场份额也将进一步提升。

（2）全产业链布局，最大化挖掘客户价值。公司确立"国内领先的金融服务集团"的战略发展目标，全产业链布局再下一城。顺应新媒体营销发展趋势，最大化挖掘客户价值。紧跟移动互联网发展步伐，2015年公司加快向互联网营销业务的快速转型，效果明显。公司成功中标了多家老客户的微信、微博运营等新媒体传播项目，在不断深挖老客户需求价值的同时，实现了公司业绩快速增长。

第 8 章

资本的退出

第 8 章
资本的退出

资本市场的关键在于如何退出，如果没有合适的退出机制，就不会有投资的积极性。虽然目前新三板的流动性不尽如人意，但是依然可以通过其他多种方式来实现资本的退出，比如被上市公司并购或者转板。本章通过介绍针对新三板的资本退出方式，进一步加深读者对新三板资本运作的最后一个关键环节的了解。

三条退路

新三板的资本退出基本上有三条路：市场交易、被上市公司并购和转板上市。

市场交易退出

在竞价交易制度没有完善之前，通过新三板市场交易退出的方式包括协议转让和做市交易，由于做市商能为新三板提供流动性，故相比协议转让来说流动性更好。

两者具体模式如下。

做市交易

在做市制度下，券商要为企业做市，必须要获取其一部分股权，而正是券商获取做市筹码这个过程即为机构提供了新的退出方式。

做市商实际上类似于证券批发商，做市券商从做市挂牌公司处获得库存股，然后当投资者需要买卖股票时，投资者间不直接成交，而是以做市商作为对手方，只要是在报价区间就有成交义务。同时，做市商通常能够给企业带来公允的市场价格，在定增股份退出时也较为接近市场价格。

协议转让

协议转让即买卖双方以协议约定的价格向系统申报，最终达成交易。全国股份转让系统在协议转让上接受意向申报、定价申报和成交确认申报，可简单概述为以下几种方式：意向申报，不具备成交功能，通过股转系统网站的投资者专区完成，只向市场发布，不参与撮合；定价申报，通俗些说就是投资者通过主办券商向市场申报买单或卖单，在此报送中，无须填写约定号，系统接收后自动分配约定号；成交确认申报，可以通俗理解为在市场上寻找买单或卖单，并对有意向的买单或卖单进行确认，正式买入或者是卖出，在向系统申报时，必须填写有意向的买单或是卖单的约定号。

目前，新三板的交易还不能像二级市场运用交易软件进行交易。投资者可以委托证券公司的报价交易系统进行交易。如果投资者有意向，则告知报价意向交易的股份名称和代码、账户、买卖类别、价格、数量、联系方式等内容，委托其代理寻找买卖的对手方，达成转让协议。

投资者也可不通过委托券商报价系统寻找买卖对手，而通过其他途径自行寻找买卖对手，达成转让协议。买卖双方达成转让协议后，需要再向证券公司提交买卖确定性委托。成交确认委托中至少注明成交约定号、股份名称和代码、账户、买卖类别、价格、数量、拟成交对手方席位号等内容。成交约定号是买卖双方达成转让协议时，由双方自行约定的不超过6位数的数字，用于成交确认委托的配对。需要注意的是，在报送卖报价委托和卖成交确认委托时，报价系统冻结相应数量的股份。因此，投资者达成转让协议后，需先行撤销原卖报价委托，再报送卖成交确认委托。

被上市公司并购退出

新三板近年来一直是上市公司并购重组青睐的标的。2015年全年，新三板挂牌公司被收购的交易数目达到198起，交易总金额达人民币170.79亿元，数目和总金额均超过2012年至2014年三年的总数目。新三板市场覆盖的企业及业务类型越来越广泛，为相关上市公司提供了丰富的可选择的标的范围，同时经过新三板的要求，三板公司的管理规范及财务状况也要好于其他普通企业，这就大大减少了并购成本。

2014年6月27日，证监会发布的《非上市公众公司收购管理办法》和《非上市公众公司重大资产重组管理办法》更为新三板企业参与并购重组创造了软环境。《非上市公众公司收购管理办法》明确指出，投资者自愿选择以要约方式收购公众公司股份的，可以向被收购公司所有股东发出收购其所持有的全部股份的要约，也可以向被收购公司所有股东发出收购其所持有的部分股份的要约。同时，收购人可以采用现金、证券、现金与证券相结合等合法方式支付收购公众公司的价款。

关于被上市公司并购的详细内容在本章后面部分进行阐述。

转板上市退出

在新三板流动性不足的背景下，新三板发展面临挑战。不少优质的新三板挂牌企业已将目标瞄准IPO，或者准备通过转板上市。由于新三板估值同A股特别是创业板估值差额较多，部分企业已公布上市辅导公告。从时间上看新三板市场下跌后公布IPO辅导的挂牌公司开始出现逐步增加的迹象，尤其在2015年7月三板创出新低后有加速趋势，目前看已有122家公布IPO辅导，其中海容冷链和有友食品已上报材料正式停牌。

从最早的老三板时期挂牌的"元老"粤传媒在2007年摘牌成功转入中小板，到最近的2007年挂牌并在2015年6月摘牌成功打入创业板的合纵科技，三板企业（包括老三板）前后已经有12家公司成功摘牌从而登陆创业板。

不过，这12家转板企业并不是采用大家一致期待的真正意义上的转板直通车，而均是采用旧时的转板操作套路，即证监会接受上市申请之后，先在股转系统暂停交易，待正式获得证监会新股发行核准之后，再从股转系统摘牌。

虽然在将来，很有可能推出直接由新三板转主板和创业板的转板制度，但是短期内还是以旧的方式为主。

提高新三板流动性

现状

目前，新三板流动性不足是共识。新三板企业的月均换手率从2014年的0.85%降低到2016年的0.53%，新三板的总市值分别是主板的4.11%，创业板的39.14%；但是成交金额方面，新三板仅为主板的0.17%，是创业板的0.81%。

新三板企业中符合创业板标准的企业超过1 500家，占比超过四分之一。流动性不佳导致新三板挂牌企业估值偏低。新三板目前PE估值仅有创业板3~4折，在2015年业绩快速增长情况下，2016年估值仅为创业板2~3折，其成长性远超A股全部板块。流动性折价是主要原因，市场仍处在发展过程中。辩证地看，也正是市场发展的不完善导致投资人能以更低的价格拿到投资标的。

分层制提升流动性

到2016年底，新三板公司数量将达到上万家，其中拥有大量优质成长标的。新三板极有可能在未来诞生伟大的公司。随着分层临近，新三板也拥有着可能的制度优势，如引入新的交易模式（混合交易制度）、公募基金入市、定增允许超过35人的限制、留住优质企业等。

在分层机制落地之后，可以从以下几个方面提升新三板流动性。

1. 交易制度。在创新层引入竞价交易。
2. 投资者门槛。在创新层引入公募基金。
3. 转板机制。构建从创新层转板创业板制度。
4. 再分层。在创新层中进一步分层，从企业中优中选优，做进一步的结构性建设。

新三板从当前看来更偏向于PE市场，因此应从定价上向PE估值看齐。尽管新三板挂牌企业财务更加透明、运作更加规范，但受制于流动性因素，不应给予比传统PE估值更高的溢价，同时投后管理非常重要，尤其是在资管计划、信托计划和私募契约无法成为IPO合格股东的情况下，若以IPO作为投资逻辑则需谨慎参与被做市公司。

2016年，新三板二级市场将在追逐流动性的基础上，围绕分层作为主要投资逻辑，基础层和创新层估值将出现分化。创新层或在未来公募基金介入后有望产生阶段性绝对收益。基础层中有望来年进入创新层的企业将产生超额收益，如果创新层中再度划分一层的话，值得期待，当然这一切还得取决于政策层面。

而对于市场期待的公募基金入市，初期将以封闭式基金为主，逐步试探性发展开放式基金，各机构目前研究能力短期不足将导致初期创新层指数型基金或占有较高数量。

股票和股权价值流动性和方向长期趋于一致，投资好企业是未来在三板市场获得盈利的最重要因素。新三板改革已写入十三五规划，后续大力扶持的政策兑现只是时间问题，所以，目前这种流动性不好和估值低的时候，恰恰正是买入低价标的的好机会。

资产证券化

2016年3月30日，融信租赁股份有限公司（831379）发布公告称，"融信一期"资产支持专项计划成功募资2.07亿元。融资租赁企业的资金大多来自银行，资金成本较高，资产证券化为其提供了新的融资方式。"融信一期"ABS产品不仅是中国首单民营融资租赁ABS项目，也是新三板挂牌公司ABS项目的首次尝试。

融信租赁首单资产支持证券（ABS）"兴证资管—融信租赁一期资产支持专项计划"由兴证证券资产管理有限公司作为管理人。项目共将企业的117份租赁合同打包融资，涵盖工程机械、纺织、家具制造、印刷、汽车、陶瓷和化学制品制造业等多个行业。

以往，融资租赁企业的资金大多来自银行，资金成本也较高，资金瓶颈一直是制约融资租赁业发展的首要问题。自2012年我国重启信贷资产证券化试点后，尽管不少融资租赁公司有意尝试，但由于操作复杂、审批严格、耗时长、要求高，最终落地的项目少之又少。

"融信一期"ABS的成功发行，不但破解了融资租赁行业的资金瓶颈，有效打通了直接融资渠道，也有利于满足更多新三板中小企业中长期的资金需求。

2016年，资产证券化市场保持快速发展势头，向万亿级规模进军，迎来资产证券化市场的"黄金时代"。通过资产证券化融资，拓宽了新三板挂牌企业的融资渠道。新三板和资产证券化作为资本市场未来几年的两大风口，二者结合将更好地为企业融资服务。

资产证券化市场运行情况

市场规模持续增长，业务提速明显

2015年，全国共发行1 386只资产证券化产品，总金额5 930.39亿元，同比增

长 79%，市场存量为 7 178.89 亿元，同比增长 128%。自 2014 年起，资产证券化市场呈现爆发式增长，这两年共发行各类产品逾 9 000 亿元，是前 9 年发行总量的 6 倍多，市场规模较 2013 年末增长了 15 倍。从产品结构看，信贷 ABS 始终占较大比重。

投资者预期收益率和发行利率双双下行

2015 年，随着投资者对金融产品预期收益率的下降，对证券化产品认购热情的高涨，以及下半年市场高收益资产的短缺，全年资产证券化产品发行利率总体呈震荡下行趋势。信贷 ABS 优先 A 档证券最高发行利率为 5.78%，最低发行利率为 2.9%，平均发行利率为 3.94%。

收益率曲线震荡下行，利差缩窄

2015 年，国内经济延续平缓的增长态势，债券市场收益率整体下行，在此背景下，中债 ABS 收益率曲线呈震荡下行走势，以 5 年期 AAA 级固定利率 ABS 收益率曲线为例，全年收益率下行 118 个 bp。

资产证券化市场以高信用等级产品为主

2015 年发行的资产证券化产品仍以高信用等级产品为主，在信贷 ABS 产品中，信用评级为 AA 及以上的高等级产品发行额为 3 416.71 亿元，占 94%；企业 ABS 产品中高信用等级产品发行额为 1 645.95 亿元，占 98%。

市场流动性提升，深度提高

2015 年，资产证券化市场流动性提升明显。以中央国债登记结算有限责任公司（以下简称"中央结算公司"）托管的信贷 ABS 为例，2015 年现券结算量为 394.29 亿元，同比增长近 18 倍，换手率为 7.44%，与去年同期相比活跃度增加 6.66%。产品换手率的提升表明市场深度有所提高，但 2015 年债券市场整体换手率为 172.7%，企业债、中票等债务融资产品的换手率分别为 202.2% 和 198.1%。相比之下，ABS 市场流动性仍大幅低于市场平均水平，这将限制 ABS 市场的进一步发展。

资产证券化市场创新情况

资产证券化基础资产更加多元

随着资产证券化业务发展日趋常态化，资产证券化产品的基础资产类型更加丰富。银行间市场发行的 CLO 产品将绿色金融贷款、工程机械贷款、房地产贷款、汽车贷款、信用卡贷款、银团贷款等纳入资产包；交易所市场发行的企业 ABS 产品基础资产类型更加多样，包括了小额贷款、保理融资债权、航空票款、公积金贷款、不动产物业收入、股票质押式回购债权、信托收益权、互联网借贷、医疗租赁等，其中以融资租赁资产、公共事业收费权和应收账款作为基础资产的产品发行量占比较大。

资产证券化产品结构设计不断创新

资产证券化产品结构设计不断创新的主要表现有：一是交易所产品引入真实出表设计；二是尝试次级档公开发行；三是循环结构设计得到更广泛应用。

投资主体更加丰富

2015 年 6 月 17 日，招商银行发行 2015 年第二期信贷 ABS。本次发行首次引入 RQFII 资金参与认购投资，进一步丰富了我国资产证券化市场的参与主体，对拓宽离岸人民币投资渠道，促进人民币国际化也具有积极意义。

发起机构类型不断扩大

一是外资银行发行首单产品。由汇丰银行（中国）有限公司发起的"汇元 2015 年第一期信贷资产证券化信托资产支持证券"成功发行，是首单发起机构为外资银行的 ABS 产品。

二是民营融资租赁企业首次尝试 ABS 项目。融信租赁股份有限公司"融信一期"资产支持专项计划成功募资 2.07 亿元。融资租赁企业的资金大多来自银行，资金成本较高，资产证券化为其提供了新的融资方式。"融信一期" ABS 产品不仅是中国首单民营融资租赁 ABS 项目，也是新三板挂牌公司 ABS 项目的首次尝试。

三是互联网金融加速渗透资产证券化市场。京东白条资产证券化产品发行，融资总额为 8 亿元，基础资产为"京东白条应收账款"债权，为互联网借贷资产证券化产品，这是继阿里巴巴后，第二家互联网金融机构发行资产证券化项目，也是首个基于互联网个人消费金融资产的资产证券化项目。2015 年，国家出台多项政策推动互联网金融规范发展，且"互联网+"正逐步成为推动传统产业换代升级的技术手段，成为"大众创业、万众创新"的实践平台，未来互联网金融机构与传统金融机构以及类金融机构的合作将进一步加强。

四是事业单位发行信贷资产证券化产品。2015 年 12 月 4 日，上海公积金管理中心通过簿记建档发行了总额为 69.6 亿元的 RMBS，为首只在银行间市场发行的公积金证券化产品。该产品交易结构与其他信贷资产证券化产品类似，但发起机构是上海公积金中心，突破了商业银行、政策性银行、汽车金融公司、金融租赁公司等传统类型。

上市路径与门槛

被上市公司并购

新三板正成为上市公司并购"凤凰池"

新三板并购数量爆发性增长

并购交易在新三板市场呈现突飞猛进的增长，一方面源于整个资本市场并购重组的大背景和新三板挂牌企业属于初创类企业，具有商业模式和发展环境上的优势。一方面由于新三板这个平台上可以实现信息披露，作为公众公司的新三板挂牌企业，相比其他中小微企业能够比较好地解决并购过程中存在的信息不对称和定价问题，使得新三板挂牌公司获得上市公司并购青睐。

随着新三板市场挂牌公司的自觉资本运作意识的觉醒，以及券商、PE 机构、律所等的日益活跃，在资本运作产业链环节的各主体合力推动下，不少新三板公司主动出击进行外延式并购，成为并购市场的主导者。2015 年全年，共发生 248 起新三板公司主动并购事件，与前三年相比呈爆发性增长态势。可以说 2015 年是新三板的并购元年。

并购标的偏好新兴技术行业

根据统计数据显示,无论是新三板公司作为并购方,还是并购新三板企业,都偏好信息技术和工业等高新技术产业。

以2015年全年的198起并购新三板事件为例,被并购的新三板企业所涉及的行业包括信息技术、工业、材料等9个行业,其中信息技术行业最多,共67家,其次为工业、材料行业和可选消费,分别为49家、26家和14家。同时,2015年全年选择主动并购的新三板企业,涉及并购的行业中,信息技术和工业标的的主动并购意愿也最强烈。

总体来说,标的公司的行业多为新兴的技术行业,这些行业代表未来经济发展的方向,作为新的投资热点,势必会吸引更多社会资本,上市公司也通过并购快速进入到新兴领域,促进新业务开辟和组织管理模式转变,以提升企业竞争力。而与上市公司传统行业占主要比重不同,新三板挂牌企业主要为高新技术企业,由于经济增长和总需求放缓,现在通过兼并重组等资本运作方式,希望实现企业转型。

并购目的主要为更好地发展

以横向并购、多元化战略为主,从并购的动因来看,新三板公司选择并购都是为了更好地发展,提高自己的行业竞争力,主要分为三类,包括横向并购、纵向并购和混合型并购。具体来说,横向并购强调的是并购与公司本身属于同一行业的公司标的,希望扩大公司规模,发挥并购的协同效应,整合更多的市场资源;而纵向并购是指从公司产业链的上下游着手,并购标的与公司本身属于同一产业链的不同环节,并购的最终目的为达到生产经营的一体化,业务覆盖全产业链的生态布局;混合型并购的目的则是为了实现多元化经营。

从2015年新三板公司的并购事件统计中可以发现,新三板最多的并购类型是横向整合与多元化发展,总计占比达65%,与A股上市公司的并购目的相统一。可以看出,目前新三板公司的并购目的多在横向拓宽自己的市场规模以及多元化经营,以提高自身的竞争力。

新三板并购热潮背后的原因

经济转型时代背景下的市场并购热潮

从大环境来看,这几年全球经济一体化的趋势带动了并购热潮,由于欧债危机背景以及美国经济增长放缓，国外经济形势不容乐观，加之全球一体化的世界趋势，企业逐渐走向国际化。由于中国经济实力不断增强，关于海外并购的利好政策不断出台，从估值的角度，海外股票市场的估值明显低于国内的股票市场，所以在多重因素的共同作用下，中国企业海外并购发展迅速，越来越多的企业谋求海外并购。

从美国和 A 股市场并购的发展历程来看，企业选择并购战略的主要目的是来自于经济转型的需要。2013 年以来，基于中国经济结构调整和产业转型升级的大背景，国内的并购市场发展迅速：一方面受经济增速和总需求放缓的影响，工业企业的利润增长空间不断地受到挤压，并购和外延式扩张成为很多企业实现增长的重要途径，越来越多的企业把目光转向并购；另一方面随着经济增长的放缓，各行业内部分化普遍加剧，经营困难的企业数量不断增加，其中有一些甚至濒临破产，它们是潜在的并购对象，为龙头企业开展并购创造了机会。整体大并购热潮直接带动了新三板并购市场的发展。

经济转型背景下，企业积极拓展新型产业领域业务，并购谋求发展近年来经济转型的最显著影响就是新兴产业的蓬勃发展。由于信息技术等新兴产业代表着未来经济发展的方向，具有较大的想象空间和发展前景，成为了投资的新热点，吸引社会资本纷纷入场，最终带来众多企业把目标投入新兴领域，试图通过并购快速进入到新兴领域。新兴产业限于发展时间大都处于起步阶段，业内并未形成稳定的市场竞争格局。企业需要拓展到新兴产业，然而新兴产业市场变化频繁，新技术不断产生，从头转入新业务并不是最好的选择，并购因此成为企业获得新技术，拓展新兴市场领域的捷径。

并购帮助上市企业加快战略布局。企业达到成熟稳定后选择新的发展路径分为内生自我成长与外部拓展并购两块，相比来说，并购对于资金比较充裕的成熟企业能够节省其时间成本。选择了优质标的的公司后，不仅能对企业的财务带来较大的改善，从战略布局以及合并后的公司协同效应角度，优秀标的企业也能与公司实现双赢，达到 1+1>2 的效果。可以说对积极谋求并购的大公司来说，选择一个优秀的并购标的是至关重要的。

新三板并购走向成熟的自身逻辑

自 2013 年以来，新三板开始扩容，两年以来新三板的并购开始起步，并呈现爆发式增长。随着新三板市场积累的资源及并购融资工具的丰富，2015 年全年新三板挂牌公司被收购的交易数目达到 198 起，交易总金额达 170.79 亿元，并购的数量和金额较过往有了成倍增长，相比主板上市公司，新三板的并购更有其灵活性。

新三板公司数量剧增，为产业整合提供了良好的平台。目前新三板公司已经是上海市场的 3 倍和深圳市场的 2 倍。同时新三板挂牌公司则主要为高新技术企业，这些公司挂牌新三板的主要目的也是获得更多的投资者关注，取得资金和资源支持。众多优质企业，因为高成长性以及高性价比成为了并购市场的热门目标，获得并购机构的重点关注。

2014 年 11 月 5 日，中国证券业协会发布《并购重组私募债券试点办法》，丰富了新三板公司并购重组融资工具，新三板融资规模在 2015 年呈现井喷式的发展。2015 年全年增发次数达 2 571 次，增发企业数目涉及 1 884 家。

实现新三板的价值发现功能，具有巨大的估值优势。新三板市场一方面为企业并购提供了优质的标的公司，另一方面，新三板的平台上企业将真实信息披露于市场，做市商制度也为收购方并购提供了合理的参考价格，形成了相对公允的市场价值。2014 年 8 月 25 日推出了做市商制度，做市商基于市场上所有参与者的信息来综合分析报出企业的价格，投资者也会根据自己的判断来作出决策影响做市商的报价，这样的制度提高了新三板市场资金参与的积极性，形成市场化的价格，为挂牌公司引入外部投资者、申请银行贷款、进行股权质押融资等提供了重要的定价参考。

另外，新三板相对于主板市场有着显著的估值优势，并且新三板的挂牌公司多为初创企业，面临融资难的困境，提高生产力的有效途径就是通过并购重组，扩大规模。企业借助自身的公允价值，采用多种并购模式，如"定增＋现金"以较低的成本实现产业并购。

融资渠道拓宽，并购成本降低，让企业拥有了产业规模化的经济基础，新三板的自身发展需要也带动了新三板市场的并购狂潮。

法律体系完备，政策规范更加宽松

并购重组政策不断放宽。随着我国经济的持续发展和产业的升级转型，并购重组和产业整合事件频繁，政府在逐步拆除限制并购重组的制度限制。为了支持非上市企业开展并购以及给非上市公众公司提供并购重组具体的法律以及法规指导，政府陆续出台一系列法规性文件。2014 年 6 月 27 日，证监会发布《非上市公众公司收购管理办法》和《非上市公众公司重大资产重组管理办法》，两个办法对非上市公众公司的并购行为在自愿要约价格、支付方式及履约保证能力方面给予了适当的放宽，增加了自主性及操作的灵活性，同时也丰富了支付手段，为新三板企业的并购重组提供了明确的规范性指引。

新三板融资的制度优势。与主板相比，新三板整体融资效率更高，融资上的优势使得新三板市场更受到投资者青睐。以定增的融资方式为例，新三板的定增优势体现在两方面：一方面定增小额融资可以豁免核准，另外一次核准、多次发行的再融资制度也可减少审批的次数，企业股东人数低于200人的挂牌企业定增申报反馈周期不超过两周；股东人数超200人企业的审核周期也较短，基本不到一个月。除此之外，在融资工具上，新三板的融资工具也比较丰富，发行公司债、私募债等都被证监会批准。

规范化运作体系避免了并购的风险。新三板挂牌企业具有高成长性的同时，股转系统的各项规定也对公司的治理结构、财务等提出了规范性的要求。在公司挂牌过程中，主办券商、会计师事务所以及律师事务所会针对企业的问题给企业提出整改意见，最终在挂牌的时候企业会拥有合规的财务报表，规范的股权结构。相对于并购资本市场外的企业，收购方在并购新三板企业时，能更加便利地处理财务问题和股权问题。

另外，由于挂牌企业在信息披露方面比未挂牌企业要充分很多，收购方能根据企业公布的财务信息选取优秀的企业，在选择标的时能详细地了解其主营业务信息、成本信息以及企业文化等，减少了在并购过程中会产生的风险。

分层级制度下的"被并购"趋势

随着我国产业结构调整和产业升级的加速，以及政府近年来加强对并购重组的政策鼓励，并购市场的热潮并不会马上回落。一方面对于市场来说，企业积极的并购重组可以充分发挥资源配置作用，发现潜在的新的经济增长点，提高生产力；另一方面，企业自身通过并购重组，可以拓展自己的业务领域，完善产业结构布局，进一步做大做强。再加上近两年新三板的活跃度提升，挂牌公司受到来自市场投资者青睐，新三板的并购市场有望在未来数年继续保持活跃，一些新兴产业如信息技术、医疗健康等会受到更多的关注。

从企业自身的角度来看，在并购的时代大背景下，选择什么方式的并购，选择什么样的并购标的,都将极大影响企业未来的发展路径。企业应当根据自身的实际发展情况,选择适合自己的战略,不能因为全民并购而并购,并购的目的也是最大限度地发挥原有的战略优势,充分利用并购的协同效应,为企业创造更多的股东财富,提升企业价值。对于新起步的新三板公司更是如此。

对于已经登陆资本市场达到创新层的企业:充分利用资本市场的融资平台,结合自身优势,积极探索行业内外可持续发展的新机会,选择业务领域与公司主营业务相关联、新经济、新业态、能给公司带来广阔市场空间的标的公司,通过投资与创业孵化、合资与收购、兼并等多种方式,实现外延式扩展和多元化发展战略,提升企业的规模和竞争实力。同时对并购企业进行有效整合,充分发挥技术协同、交叉销售、产业延伸的协同效应,制定满足企业发展和经营需求的工作流程,推进企业集团化、资本化运作,满足公司未来的持续发展。

对于暂时达不到创新层的企业:由于自身能力有限,体量相对较小,通过被上市公司并购或兼并,就是实现企业价值创造的新途径。企业在被并购后可以使外部力量进入公司,植入新的控股股东,转移控制权;还可以将本企业的优质管理经验和企业文化注入目标企业,使目标公司的管理水平和效率得以提升,创造更多的利润和价值,实现股东的利益,降低委托代理的成本,以提升治理效率。

转板上市的运作和门槛

新三板转板制度虽未真正落地,但还是成功引起了人们对新三板企业转板的注意,不少新三板挂牌企业均已开始准备摘牌再上市的相关事宜。

此外,由于新三板并购市场已经具有成熟市场的形式和要素,除了受到上市公司等并购机构的关注外,新三板公司自身也开创了对主板上市公司的并购,在并购的类型和支付方式上也逐渐走向成熟,不再是早期单一采用现金,而越来越多地使用换股,定增+现金等新形式,而新三板被借壳的事件也多有发生。

尽管目前新三板市场发展很有潜力,但是依然有很多新三板挂牌企业还是想往主板和创业板上转,转板前有几道重要门槛需要跨过。

财务硬性指标

目前拟转板企业中,和创业板现有公司的盈利能力作比较,还有待进一步提升。目前的创业板公司 2015 年的平均年度净利润已过亿元大关，而新三板挂牌企业中达到这个量级的企业并不多。

税收优惠依赖

创业板要求企业的经营成果对税收优惠不存在严重依赖。但新三板企业多有当地政府支持，公司业绩受其自身享有的税收优惠政策影响较大。大多数拟转板企业都对当地政府的优惠税收政策有所依赖，存在着不同程度上的税收政策变动风险。

客户依赖严重

创业板要求发行人最近一年的营业收入或净利润对关联方或者有重大不确定性的客户不存在重大依赖。但三板企业规模偏小，客户集中度较高，存在着很大的主要客户变动带来的风险。

商标及专利技术变动

创业板要求发行人在用的商标专利、专有技术、特许经营权等重要资产的取得或使用不存在重大不利变化的风险。但新三板企业多是技术型企业，专利技术和人才是企业的灵魂，面临着很大的技术更新换代和技术人才流失的风险，且一部分企业的技术还因为各种原因存在一定的争议和知识产权纠纷。

挂牌企业股东人数偏少

在公司治理方面，除了要求股权和治理结构更为完善严格，创业板还要求股东人数不少于 200 人。但截至 2016 年 1 月新三板企业平均股东人数为 41 人。

此外，对于某些处于特定行业的企业要格外注意来自于行业自身的政策和条件限制。譬如 PE、餐饮和教育等行业，在新三板风生水起，但要进主板和创业板还是困难重重。

在新三板引入转板制度，对于多层次的资本市场是很有积极意义的，主要体现在以下几个方面。

首先，有利于增强新三板的融资能力。目前，新三板不具有首发融资的功能，挂牌企业只能通过定向增发进行融资，但是由于流动性差，致使投资者的积极性相对较弱,这极大限制了新三板的融资能力。

其次,增加对新三板拟挂牌企业的吸引力。新三板由于不设财务指标,挂牌门槛相对较低,致使挂牌企业资质良莠不齐,在挂牌企业与投资者之间存在信息不对称的情况下,容易降低对于资质优异的拟挂牌企业的吸引力,也使那些优质公司更加希望到主板或者二板市场上市。而引入转板制度,给予资质优异的企业转板到二板或者主板市场的途径,无疑会大大增加新三板的吸引力。

再次,有利于缓解IPO排队时间长的问题。由于IPO排队企业数量巨大,短时间内难以消化。新三板引入转板制度,将会分流一部分IPO排队中的企业先到新三板挂牌,待时间成熟后再转板到主板或者二板市场。

最后,有利于解决主板和二板退市难的问题。当上市公司出现业绩亏损达不到所在市场要求时,除了目前存在的退市制度外,还可以转板至较低层次市场(即新三板),为企业提供了一个缓冲期。新三板的挂牌成本、监管要求较低,但是挂牌公司的资格使股票得以继续转让,这为风险投资的退出提供了良好的渠道,也有利于投资者利益的保护。既帮助企业渡过了暂时的难关,又减少了上市企业连续亏损后为保持上市进行报表重组和虚假重组的现象。

雄关漫道真如铁——老三板粤传媒的转板上市征途

粤传媒是新三板圈子里家喻户晓的三板第一家成功转中小板上市的企业。这里的三板包括老三板和新三板,同样有名的久其软件是新三板成功转板的第一家。

既然是老三板,那么这家企业在三板里的时间就非常早了。早到什么程度呢?和老三板NET系统正式上线同一天开始交易,那是1993年4月28日。从这一天开始,市场已经给14年后的粤传媒上市,埋下了伏笔。

那时,它还叫清远建北。

1992年12月,经广东省企业股份制试点联审小组、广东省经济体制改革委员会粤股字批准及1993年4月5日又经广东省企业股份制试点联审小组、广东省经济体制改革委员会批准,在原清远建北大厦股份有限公司的基础上改组成立股份有限公司,于1993年4月9日经清远市工商行政管理局注册登记设立清远建北大厦股份有限公司；1993年4月，清远建北大厦股份有限公司与清远市建北企业集团公司合并重组，设立清远建北（集团）股份有限公司，并以定向募集方式增资扩股。1993年4月28日，经中国证券交易系统有限公司批准，本公司定向募集法人股在NET系统上市流通。1992年清远建北大厦股份有限公司成立时内部职工股500万股，每股价格1.45元，占总股本的5.1%；1993年4月重组清远建北时，新募集内部职工股4 088万股，每股售价2元，加上原有500万股内部职工股总数4 588万股，占总股本的8.82%。

2000年10月，广州日报社持股90%的广州大洋文化传讯有限公司（现已更名为"大洋实业"）受让了清远建北36.79%股权，成为其控股股东；以经评估后的数据为依据，将清远建北的其他应收款净额、对外投资股权共计263 755 146.70元；与广州大洋文化传讯有限公司拥有的印刷业务相关资产、《广州日报》招聘广告10年独家代理权、广州大洋文化连锁店有限公司95%的股权，共计263 755 146.70元进行等额置换。经资产置换后，本公司的经营范围变更为设计、制作、代理各类广告；包装装潢印刷；出版物印刷；书刊零售；生产、加工、销售建筑材料及设备，金属材料，机电产品，皮革制品，五金交电，计算机硬件和软件。

2001年7月16日，清远建北转入老三板。

2005年4月12日，清远建北（集团）股份有限公司2004年度股东大会决议通过，根据公司业务的发展需要，拟变更公司名称和注册地址，公司名称由"清远建北（集团）股份有限公司"变更为"广东九州阳光传媒股份有限公司"。

2007年7月30日，中国证监会发布的公告透露，广东九州阳光传媒（粤传媒）的IPO申请已获通过；至此，粤传媒正式成为三板首家"如愿"转板的公司。粤传媒此次成功转板，预示着报业大佬《广州日报》终于圆成"借壳上市"之梦。事实上，为迎接这一天，广州日报社已整整等待了7年。同时，粤传媒也是第一家正式取得国家新闻出版总署批文，在深圳交易所上市的传媒公司。

粤传媒的成功获批，一改三板"只进不出"的历史，三板公司的转板之路由此正式开启。

2010年8月16日，粤传媒公布收购实际控制人广州日报社4.2亿元经营资产，实现广州日报社经营资产的整体上市。

2007年7月，正值那一轮大牛市的顶峰时期，当时各证券营业厅内前去咨询三板开户、交易规则的投资者明显增加，特别是年报披露期结束后，一批"*ST"股从主板市场退出，它们的到来更加活跃了三板市场。2006年底至2007年中，三板共64家挂牌公司股价平均涨幅早已超过100%，整个市场的成交量也明显增大，明星股"龙涤5"从2006年12月至2007年4月，股价累计涨幅高达850%，在财富效应作用下，一大批投资者被吸引进入三板市场。

而粤传媒的成功转战中小板，为这火爆的行情无疑注入了一针强心剂。一时间，新三板扩容、竞价交易制度和转（升）板制度的推出传闻甚嚣尘上。

读者是否在2015年又看到了熟悉的一幕，如今新三板挂牌企业数量已经是2007年的120倍！资本，真的有轮回吗？

―――――――――――

第 9 章

新三板各具特色企业选析

第 9 章
新三板各具特色企业选析

新三板并不缺少资本，甚至可以说，资本的表现堪称活跃，有近70家极具知名度的机构在新三板市场上展开投资，其中包括红杉资本、经纬、鼎晖等。新三板市场从来都不缺乏明星机构，更不缺乏优质投资标的，他们都带有自身独特的气质。囿于篇幅，本章选录8家分析以飨读者。

英雄互娱（430127）：
市值超 200 亿元的移动电竞手游王者

2016年2月29日，华谊兄弟以68.53元/股的价格完成对新三板挂牌公司英雄互娱增发股份的认购，持有英雄互娱27 721 886股，总投资19亿元，占总额20%，且自持大东亚最大的移动电竞赛事HPL英雄联赛。此前，英雄互娱在2015年共进行过三次定向增发，三轮定增价格分别为1.33元/股、10.99元/股和82元/股，第三次增发是由王思聪旗下的普思资本出资入股的。定增价格从1.33元至82元，增长了近61倍。而在2016年5月19日，成交价格已经达到165元/股。

2016年5月20日，英雄互娱以现有总股本138 609 431股为基数，以资本公积金向全体股东每10股转增90股。分红后总股本增至1 386 094 310股。

"PC端电子竞技大赛已经落幕，移动电子竞技随将崛起。"目前，英雄互娱已是新三板市值前五的企业，也是新三板非金融股市值最高的企业。

岂止站台而已——大批顶级资本大佬入伙谋局"移动电竞"

华谊兄弟是影视界大佬，"国民老公"是众所周知的移动电竞爱好者，他们不约而同地看上了英雄互娱，包括他们在内的英雄互娱董事会成员名单里的人物无不声名显赫，如应书岭（董事长）、王中军、沈南鹏、张永康、包凡、黄胜利、吴旦、杜鑫歆、王昆，监事会成员包括徐小平（监事会主席）、王中磊、王思聪、王信文（莉莉丝的创始人）、刘志刚、冉曦、杨斌。

2015年6月16日，英雄互娱成立且在新三板挂牌，估值200亿元人民币，并一举以10.5%的市场份额成为在手游领域仅次于腾讯的移动电竞手游研发商。这家公司在创始之初便得到了红杉资本、真格基金这两家国内风险投资（VC），以及由华兴资本发起的基金华晟资本的联合投资，这也是当时国内三大VC创始人首次联合进入所投公司经营决策层，随后王思聪的普思资本也加入到了投资者队伍之中，王思聪也成了公司监事。值得注意的是，国内公募基金龙头易方达也同样是英雄互娱的投资者。资本界各路大佬纷纷进入公司董事会监事会为其背书。一时间，英雄互娱成为游戏资本界和新三板的焦点公司。

英雄互娱在"移动电竞"的宏伟布局规划，是这些大佬们纷纷走到一起的根本原因。"移动电竞"这个正在崛起的新兴行业，是一个必须相互合作讲究共赢的行业。

目前，影视类知识产权（IP）在整个手游市场已经逐渐成为一个不可忽视的力量。华谊兄弟看中的正是双方的业务可以进行组合，也就是泛娱乐战略。自2015年以来，先后有《花千骨》《琅琊榜》《龙门镖局》等一众影视类IP在市场当中取得了不错的成绩。和华谊兄弟作为共同利益体，英雄互娱将首先享受华谊兄弟的影视IP，而IP将对CP们产生吸引作用。

华谊兄弟在其公告当中提道："目标公司应将其开发或经营的任何一款电竞类游戏产品改编成电影、电视剧、网络剧或其他舞台艺术作品等的权利依照市场公允的价格在同等条件下优先授权或转让给公司享有。"目前，《全民枪战》注册设备已经达到1.6亿，同时在线人数130万，月活跃用户超过3500万。这个产品在品牌上已经具备了一定的价值，无论是改编电影、电视剧，或者是开展线下的电竞娱乐项目，都是值得期待的。

此外，莉莉丝的CEO王信文加入英雄互娱监事会，也是释放了强烈的合作预期。据透露，莉莉丝接下来的游戏都会交给英雄互娱进行发行，莉莉丝去年的爆款产品《刀塔传奇》，发行商中清龙图已经上市了。下一个《刀塔传奇》诞生，也许英雄互娱价格又要成倍增长。

另一个知名合作者——普思资本在游戏产业中已经建立出相对完整的产业链雏形，通过一系列的投资动作，从游戏制作、渠道到比赛上下游产业都有涉及。作为一个移动电竞的爱好者，他旗下公司在电竞领域的布局已经相当完备：创建IG战队、推出电竞直播的熊猫TV、与上海香蕉计划电子游戏公司和音乐公司成立"香蕉计划"、签约韩国美少女组合T-ara等。

英雄互娱的飞速成长记

英雄互娱主营手游研发和发行，也是国内最早提出移动竞技概念的公司，现在作为一匹"黑马"突然出现，一年的时间，现在的英雄互娱已经成长为全球领先的移动电竞娱乐方式倡导者，其主导成立的中国移动电竞联盟成员涵盖了整个移动电竞生态链，对于推动行业标准的制定具有重要意义。英雄互娱在移动电竞市场具有先发优势，自身定位清晰，并引领行业厂商进行资源互换和合作，随着赛事及产品的发展，预计2016年英雄互娱将扩大其领先者优势。目前600人团队的英雄互娱已经储备30多款产品，代表作《全民枪战》《像三国》《天天炫舞》，并拥有移动电竞赛事——英雄联赛。其中《全民枪战》还成为WECG的移动电竞项目。

英雄互娱这家公司以"火箭般的速度"完成了别人需要好几年也难以完成的一系列布局：2015年6月成立之初，确立"移动电竞"为公司发展战略，并同日登陆新三板。在创立之初，英雄互娱就拿到了红杉、真格、华兴的投资，沈南鹏、包凡、徐小平领投，并同时加入其董事会和监事会；2015年7月，英雄互娱斥资9.6亿元收购畅游云端100%股份；2015年9月，王思聪投资并加入英雄互娱监事会；2015年10月，英雄互娱主导成立中国移动电竞联盟；自持赛事"HPL-英雄联赛"（目前大东亚区最大的移动电竞赛事）；2015年11月，华谊注资19亿元成为其第二大股东；2015年12月，英雄互娱和新浪、香蕉计划成立新浪电竞；2016年1月，文化部成立电竞分会，英雄互娱CEO应书岭任常务副会长。2016年2月，英雄互娱投资Imba Tv且Imba Tv更名为"英雄传媒"。

英雄互娱是借壳塞尔瑟斯上新三板的，塞尔瑟斯是一家在此之前一直默默无闻的仪表和暖通仪表制造商。

这一切始于2015年5月20日，中手游发布公告，决定对其子公司北京卓越晨星科技有限公司进行战略重组。公告的主要内容有以下几点。

1. "将成都卓星持有的北京卓越晨星的51%股份转让给天津卓越移动科技有限公司。其中的2 000万元人民币将作为北京卓越晨星的股本。成都卓星会将《全民枪战》及《天天炫舞》两款手机游戏的发行运营业务转移至北京卓越晨星。
2. 应书岭将出任北京卓越晨星的首席执行官一职，同时不再担任中国手游首席运营官。
3. 签订对赌协议。北京卓越晨星必须完成2015年4 500万元人民币、2016年8 000万人民币及2017年1.07亿元人民币的净利润，若北京卓越晨星无法达成既定目标利润，天津卓越须向成都卓星无偿归还其所有的北京卓越晨星的股权，最高可达 25% 的股权。

控股英雄互娱的天津迪诺是应书岭 100% 控股的公司，天津卓越移动则是天津迪诺的子公司。后者拥有前者 90% 的股权，北京卓越晨星的法人也是应书岭。

事实上，英雄互娱的主体就是中手游的发行业务线，而中手游是一家以做发行见长的游戏公司，中手游的内部重组，相当于应书岭将中手游的发行核心团队全部带出来。据英雄互娱内部人士透露，英雄互娱和中手游已经约定，除了《全民枪战》和《天天炫舞》两款游戏的发行业务归英雄互娱外，其他游戏的发行全部归中手游，为此，中手游还成立了两家新公司——随悦和岚悦，来补充自身的发行业务。

异业合作促进线下多渠道分发

2016 年 5 月 20 日，英雄互娱旗下首款 FPS 竞技手游《全民枪战》将会深度植入金士顿品牌。而金士顿方面也会推出《全民枪战》订制版 Micro SD 卡，拥有 32GB 大容量，读取速度高达 80MB/ 秒，能轻易满足高性能手机和专业相机用户的所有存储需求。同时，订制版产品中还附加了超值游戏大礼包，包含了 5 种游戏道具，将普通玩家武装到牙齿。

游戏和硬件具有天然的契合，因此游戏公司和专业的硬件设备公司合作更是锦上添花。作为金士顿大力推广的高端游戏硬件品牌，Hyper X 系列的目标是专业的电竞和游戏领域，为游戏玩家和硬件发烧友等带来更丰富的使用体验。双方能够开展异业合作，设计订制产品，面向游戏的玩家以及其他消费人群进行商业化发售，源于双方高重合度的用户属性。一方面，《全民枪战》作为一款市场爆品，拥有非常庞大的忠实玩家群体，对于正版游戏周边的需求极高；另一方面，英雄互娱业已将目标转向"泛"年轻用户，远不止游戏玩家以及金士顿的消费人群，为其未来大流量的互联网体育打下坚实的基础。

英雄互娱早已制定并执行将跨界合作作为"线下分发渠道"的战略，在多次异业合作之后，公司已经不再单纯追求流量和转化率，而是尝试从品牌层面出发，关注品牌认知下的群体式购买，将"泛"年轻用户作为自己的目标受众。除了金士顿外，英雄互娱还与麦当劳、苏宁电器、湖南卫视《疯狂的麦咭》、招商银行、旺旺集团、乐维饮、Baci、新世界百货、屈臣氏、好乐迪、携程、春秋航空、钻石小鸟等国内众多一线知名品牌开展跨界合作，涵盖金融、文娱、媒体、快消、百货等不同行业近二十家知名企业。

在游戏圈，大家称2015年为移动电竞爆发元年，以腾讯、英雄互娱、网易为代表的厂商迅速布局移动电竞。应书岭如今在业内被称为"移动电竞之父"。与此同时，英雄互娱还与小米、百度、360等具有流量的公司合作，采用开放平台模式，希望形成一个挑战腾讯的发行平台。

得益于移动互联网的爆发，在PC游戏统治世界10多年后，移动游戏终于迎来了翻身机会。英雄互娱以增至1 386 094 310股的股本，如果还能涨到定增的最高价82元/股，总市值将达到1 136.6亿元。新三板第二个市值过千亿的挂牌公司，会在游戏行业诞生吗？让我们拭目以待。

致生联发（830819）：
锐不可当的物联网标杆企业

致生联发是中关村国家自主创新试验区的"国高新""双软""瞪羚"企业，拥有安防行业一级资质和核供应商资质，是国家知名的拥有全自主知识产权体系的物联网整体解决方案提供商。

公司本着"有人之未有、能人之不能"的宗旨，持续对科研进行大规模的投入，取得了大量自主创新成果。自有科研团队突破了非结构化大数据的底层数学模型和算法，给应用领域的技术落地带来了系统解决方案，形成了大数据业务的完整自主创新技术体系（数据采集、通讯、存储、数据挖掘），现已广泛成功应用于智慧安防、智慧高铁、智慧核电、智慧空港等领域。

致生联发这种令人侧目的飞速发展得益于与新三板的结缘。登陆新三板前，致生联发仅被定位为安防行业中的视频监控解决方案提供商；经过挂牌新三板将资本与创新融合，公司获得了前所未有的爆发式增长。自挂牌以来，致生联发连续两年的营业收入均实现了翻番，并且获得了二十余项分量沉甸的荣誉/奖项（详见表9—1）。

表 9—1　　　　　　　　近三年致生联发的荣誉/奖项

年份	荣誉/奖项
2014	福布斯"2014 中国最具发展潜力非上市企业百强"第二名
2014	"中关村高成长企业 TOP100"
2014	2014 中关村信用双百之"百家最具发展潜力信用企业"
2015	"朝阳区守法诚信承诺示范单位"
2015	"北京市朝阳区百强民营企业"
2015	中关村信用双百之"百家最具影响力信用企业"
2015	"北京市诚信创建企业"
2015	"北京市诚信系统集成企业"
2015	北京市科委"重大科技专项"承接单位
2015	国家火炬项目承接单位
2015	中国软件企业 500 强
2016	"2016 年信息网络产业新业态创新企业 30 新"
2016	中关村科技园区企业信用评级 AAzc-
2016	2016 中国新三板诚信企业百佳
2016	最具投资价值新三板挂牌公司

资本与创新的化学反应产生巨大威力

受益于产业资本向创新实体迁徙的大环境，2012 年致生联发融资 2 000 万元引进了第一批投资人，当时公司的估值为 1 亿元；致生联发挂牌新三板后，自 2015 年 4 月至 2016 年 4 月总共完成四次股票发行，共募集资金约 4.84 亿元，公司估值已近 20 亿元。

在不断引进融资的过程中，公司的股东结构也得到了极大优化，公司挂牌的主办券商是中银国际；做市商是中银国际、广发证券、华融证券、上海证券、东北证券、民生证券、东兴证券；公募投资机构有天弘基金、嘉实基金、工银瑞信、建信基金等；私募投资机构有信业基金、宏道投资、宏流投资、中信信诚、鼎锋明道等；上市公司投资者有中科曙光（股票代码 603019）。

挂牌两年来，致生联发交出了令人赞赏的成绩（详见表 9—2）。

表 9—2　　　　近三年致生联发的营收及净利情况（单位：人民币元）

日期	2015年12月31日	2014年12月31日	2013年12月31日
营业收入	285 945 963.48	121 105 609.30	59 753 687.25
归属于股东的净利润	40 254 918.55	14 433 402.32	4 604 302.54

挂牌后强强联合的战略合作令新业务如虎添翼

致生联发一直以行业需求应用为导向来扩展物联网行业细分技术的落地应用，利用物联网整体技术参与社会化的"跨界、融合、颠覆、创新"，目前已经在基于非结构化数据的物联网交通、金融、安防等解决方案的商业应用中进行扩展。基于这个发展战略，致生联发从资本、金融、产业链整合、业务融合、市场开拓、产学研用一体化等多维度选择与优秀的企业进行战略合作，挂牌后公司的主要合作大事件如下所述。

1. 2015年7月，公司与北京银行签署全面战略合作协议，给予致生联发综合授信额度2亿元人民币，北京银行将全力支持公司以并购、重组为驱动，做大做强物联网和大数据产业。

2. 2015年6月，致生联发与中科曙光就致生联发增资中科曙光全资子公司无锡城市云计算中心有限公司和控股子公司中科曙光信息技术无锡有限公司已开展业务合作事项，约定公司拟出资4亿元对无锡城市云计算中心有限公司和控股子公司中科曙光信息技术无锡有限公司进行增资。本次重大资产重组是我国资本市场历史上第一次"新三板"公司在高科技产业链上并购主板"国家队"公司核心业务模块，使得致生联发成为同时拥有大数据产业体系上集数据采集、数据通信、数据存储、数据挖掘全产业链系统技术的国内领先公司。

3. 2016年1月，公司与中国航天科工二院二零七所签署《全面战略合作协议》，双方将共建"物联网智能光电大数据实验室"。双方将借助各自优势，共同应对在物联网领域安防、智慧空港、军用设施等行业的应用需求，开展光电监控跟踪、智能非结构化数据解析、三维可视化、大数据挖掘研究等，共同研发具有自主知识产权的物联网平台性技术体系。

4. 2016年5月，致生联发与海康威视（股票代码002415）签署了《深度战略合作协议》，双方在科研、市场、服务等环节上配合默契，互补性强，双方一致同意就机场、高铁、核电等领域开展长期合作，尽快成立联合研发实验室，快速整合科研成果和资源并使其商品化。

5. 2016年5月，致生联发与清华大学携手共同成立"清华大学—致生联发物联网遥感大数据联合研究中心"，未来联合研究中心的研究方向将集中在海洋生命科学、国土资源、防灾减灾、军民融合、智慧城市五大产业领域。依托清华大学核心科研团队的理论技术优势，结合致生联发在"物联网＋云计算＋大数据"模式下强大的产品转化能力以及资源整合能力，借助资本驱动，联合研究中心将成为我国创新驱动政策中高校与企业之间"知行合一"的合作典范。

"智慧＋"——未来公司业务核心引爆点

《国家新型城镇化规划（2014—2020年）》提出"十三五"期间我国城镇化提高10%的百分点，达到60%以上。同时，要求大力推动物联网、云计算、大数据等信息技术创新应用，加强城市管理和服务体系智能化建设，实现与城市经济社会发展深度融合。"智慧城市"作为国家战略，是民生的需要，更是我国经济"稳增长、调结构"的重要手段。《关于促进智慧城市健康发展的指导意见》明确了"十三五"期间智慧城市的建设原则和目标。截至目前，我国累计批复县级以上城市试点近300个。随着智慧城市示范工程的持续推进，IDC预测，"十三五"期间我国智慧城市的投资规模将达2万亿元。

在这个历史大趋势下，致生联发借助资本的力量、积淀多年的核心技术能力、与诸多科研院所和高校的合作关系，打造出独具特色的业务增长点。

"智慧空港"

自2013年下半年开始，致生联发即开始在"智慧空港"领域进行技术积累，为致力于建设一个安全、绿色、智慧的空港成功研发了一系列成熟可控的完整解决方案，包括三维GIS可视化智能监控系统、机场智能应急指挥调度系统、物联网可视化电梯安全管理系统、智慧空港视频图像整合系统、智慧空港低慢小目标防控系统、智慧空港机场跑道异物检测系统、智慧空港机场物联网廊桥系统、智慧空港机场定向波驱鸟系统、智能泊位引导系统、智慧党建系统等项目已经研发成功。

自2015年4月至2016年4月，致生联发与北京博维航空设施管理有限公司成立了"智慧空港"的联合实验室，并斥资近1亿元人民币收购了中航机场设备有限公司49%的股权及北京博维航设施管理有限公司40%股权，基本完成了公司短期内在智慧空港板块的战略布局，公司在"智慧空港"领域内积累的一系列整体解决方案将迅速落地应用。此外，致生联发还与和民航成都电子技术有限责任公司签订了战略合作协议，面向全国民航市场进行技术、资金、市场的合作。

"智慧高铁"

公司构建的全自主知识产权的"物联网电力机车实时受电弓及电网监测系统"，在国际上首次利用非结构化数据和物理传感，对多纬度、高速动车、电网进行实时在线监控，从而开创了国内乃至国际在线式实时弓网检测的先河，摒弃了以往依靠人工巡线的传统检测方式，可为高速动态列车安全运营保驾护航。

致生联发在2012年启动了登陆新三板的流程，在中银国际以及瑞华会计师事务所等国内顶级的财务顾问机构高标准严要求下，公司接受了堪比IPO的辅导，付出了比其他挂牌新三板公司更多的时间、人力、物力、财力规范公司的治理，终于于2014年6月在新三板成功挂牌。致生联发坚信，信用体系的建立不能一蹴而就，为自己打下一个坚实的财务和法律基础，可以终身受益，而挂牌以来公司的飞速发展为此提供了充分的印证！

在互联网经济迅猛发展的今天，致生联发正在用"移动物联网"的概念构建"跨界、创新、融合、颠覆"的核心价值体系，并以"技术领先、资本驱动、公共关系"作为核心盈利要素，崇尚"大道至简"，并提供"精于心、简于形"的服务。

仙果广告（834136）：国内手游精准广告投放平台的领导者

仙果广告多年从事移动互联网精准广告业务，持之以恒地坚持以程序化广告技术为核心、大数据技术为基础、客户拓展为关键的发展战略，积累了大量的技术、人才和资源等优势。2016年6月，公司在《证券时报》主办的"新三板投资峰会暨证券时报首届新三板百强榜发布"会议上荣获"百强企业"的称号。

公司团队一直致力于最大化开发者的收益，这种技术能力和情怀某种程度上源自于他们最早所从事的手游开发业务，通过2015年在新三板顺利挂牌融资，并根据公司业绩数据预计成为新三板第一批创新层企业，仙果广告在今后可以更好地深度挖掘游戏流量价值，充分与客户实现互利双赢。

"因为懂得，所以专业"——拥有游戏基因的手游广告投放平台

仙果广告的全称是"北京仙果广告股份有限公司"，熟悉手游的人都知道，仙果广告在2014年以前，重点打造的是"仙果游戏"平台，推出了不少备受好评的热销爆款手游。因为考虑优势最大化，仙果广告在2014年开始进入程序化广告平台领域，挂牌后，公司也改名仙果广告。

2016年将是移动广告的爆发之年，移动广告会是互联网业务中最具亮点和爆点的业务之一。据权威数据显示，2015年互联网广告首超电视广告，市场规模达到2 000亿元以上，其中移动广告市场规模达到550亿元以上，预计到2016年将占50%以上，2016年移动广告市场规模预计超过PC广告，从而成为新媒体里最具价值的广告媒介。预计2016年起，传统广告主、代理公司及互联网DSP、广告联盟等各种广告业态公司，都会加大力度进入移动互联网广告领域。移动互联网内容的极大丰富，同样也在推手机内容背后的移动程序化场景广告营销，当内容的风暴席卷而来、愈演愈烈的时候，相信移动广告行业，尤其是程序化投放正日益成为最主流、最有效而且市场空间最大的移动互联网服务。

仙果广告早早抢占了市场先机，在2010年就推出了手机游戏广告投放业务。一方面，这是基于仙果广告决策层的高瞻远瞩；另一方面，也不得不说在仙果游戏的经营过程中积累的大量经验，给了做手机游戏广告精准投放业务十分有利的支撑，这是其他行业进入手游广告投放领域所不具备的先天优势。

移动精准广告行业在2015年得到了爆发式发展，仙果广告平台作为业内领先的精准广告平台也得到了客户、供应商和资本市场的极大认可。趁这股热度，公司2015年度收入及利润进入了历史以来最好的快车道。2015年报告期内，公司营业收入7 849.86万元，同比去年的4 389.43万元，增长78.84%，净利润与上年同期增长了168.36%，公司整体财务状况较去年同期有了飞跃式增长。

依靠自身突出的游戏基因和核心技术，凭借市场环境越刮越强的东风，仙果广告作为最懂手机游戏客户的程序化广告投放平台，持续努力拓展自有手机游戏及工具类APP矩阵用户，并且积极布局SSP广告平台。截至2016年第一季度，自有媒介实现DAU（日活）1 000万以上，从而贡献每天超过5 000万次以上的广告位曝光。持续保持这种增长势头，公司将在2016年收获一份漂亮的成绩单。

通过多元化融资进行并购，完善移动互联网媒介产业链布局

在 2015 年末，公司成功实施了一次定向增发，主办券商是新时代证券，做市商分别是新时代证券、中银国际证券，安信证券和东兴证券。本次增发融资金额为 3 000 万元，这只是个起步。仙果广告在未来计划通过多元化的融资方式募集资金进行上下游产业链并购，重点并购有价值的手机媒介公司，尤其是手机娱乐、新闻及社交类 APP 媒体公司，从而完善公司产业链布局，获取稳定、优秀、性价比高的媒介广告资源。并通过广告推广、大数据实力协同作战，进一步提升被并购公司的盈利能力，从而扩大公司年度盈利规模。

2016 年移动互联网已经渗透到每个人生活的方方面面，并大踏步进入到各行各业的商业应用中。无论从规模、增长还是效果上看，移动互联网广告已显示出其巨大价值。同时，各种迎合"90 后"需求的视频、社交媒体迅速崛起，数据融合打通，各种利好因素不断推高用户对手机移动媒介的重视和依赖，手机越来越成为超越 PC、超越电视后的又一主流媒体。

从海外经验来看，在产业发展过程中，产业集中度的提高是一个必然过程。目前，移动互联网媒介产业虽然处在爆发点，但同时也是发展刚刚起步，产业集中度并不高，各家公司都还处于圈地阶段。因此，未来产业内的并购还不会停止。泛娱乐化是一个主流方向，公司将根据自身的商业模式特色，制定并购战略。在 2016 年，仙果广告将通过以下一系列战略举措来提升自身的投资价值。

精准投放平台方面

在 2016 年初已获得融资的基础上，将加大技术研发资金投入，尤其是高性能云计算能力团队及硬件，努力提高广告平台的全面技术及服务能力。其中，持续优化的重点是手机游戏及电商广告方面的精准化、智能化及规模化。

大数据方面

2016 年公司将建立大数据战略联盟，与移动互联网业内数家优秀的大数据公司建立深度的大数据战略联盟，从而提升公司大数据处理能力，建立起超大数据库，实现业内领先的大数据智能处理能力，成为公司历史上大数据元年。

媒介发展战略方面

2016年,公司将聚焦于移动、跨屏、视频等程序化购买方面能力的提升,将与互联网媒体和移动硬件提供商、移动通信服务商等建立深度战略合作,提升媒介领域的采购能力。目前,在对接百度、腾讯、小米及其他TOP APP的RTB流量基础上,将持续接入国内主流移动视频流量,进一步扩大采购规模,并与重点合作伙伴实现PDB(私有程序化购买)对接,极大提升移动程序化购买的媒介采购能力,实现公司跨屏程序化媒体战略。

广告创意方面

不断通过数据和算法能力,持续优化提升公司精准投放广告创意水平。致力于通过算法及数据分析,对广告主投放的原创广告创意进行智能优化,重点实现针对不同人群的特点和爱好进行不同的广告创意投放,努力实现相同的广告产品,不同的广告创意展示,从而提高ROI及CTR。

执着深耕手游广告投放的规模和精准,保证王牌业务的市场绝对优势

移动精准广告平台式公司的王牌核心业务,即程序化DSP及大数据移动营销平台,主要服务于手机游戏和手机电商的效果类广告主。移动广告平台业务的商业模式中,客户包括广告主或广告代理商,供应商包括广告媒介及SSP、ADX模式接入的程序化流量聚合方。公司作为精准广告平台,通过最高效实用的商业模式来为客户提供近乎完美的服务。

1. 公司的客户为广告主或广告代理商,即有手机游戏类和电商类等效果广告投放需求的客户。公司提供的是效果广告服务,具体指根据广告投放后的产品展示次数、游戏注册用户数、用户消费充值、电商产品销售金额等实际效果为依据,并按照合同约定的广告费结算方式,收取客户效果广告的费用。

2. 公司运营部门将根据广告主的营销需求、KPI及ROI目标,讨论分析后制定移动精准广告平台投放所包含的目标人群画像、素材制作、投放时段、媒介选择等。

3. 客户在公司DSP后台进行广告投放,并与公司运营部门密切配合沟通,实时观测、分析广告投放效果,及时调整投放策略,以达到优化投放的效果。

4. 为实现客户广告投放的媒体广告位供应,公司媒介部门向游戏或APP、WAP媒

介供应商采购海量广告位资源；并通过公司大数据平台（DMP）对媒介访问广告位的用户，进行实时的人群画像，以合理评估该用户的属性，从而自动分析是否匹配客户在 DSP 投放产品的需求；同时将根据客户的预算对该次用户的广告位访问行为进行出价（RTB），最终取得该次用户的广告位访问机会，以期实现"合适的人在合适的地方、合适的时候看到合适的广告"的效果。对比传统广告网络投放，公司精准广告平台最大区别是通过大数据 DMP，对用户进行分析和筛选投放到合适的产品去，从而以极大降低客户因盲目投放导致的投入产出比低下，实现真正的精准营销。

快拍物联（835101）：与投资者一起打造为诚信企业服务的物联网营销第一股

国家博物馆、中国美术馆、阳澄股份、北京同仁堂、国家林业局中林诚标、剑南春酒业、台湾古厝酒厂等知名企业都在使用二维码防伪溯源和营销推广技术，为他们提供服务的是新三板挂牌公司——快拍物联（北京诚品快拍物联网科技股份有限公司）。

作为国内最早从事二维码技术研发和应用推广的高新技术企业，快拍物联已拥有超过 8 000 万的二维码扫码用户，每月扫码量约 1.2 亿，是国内领先的物联网技术研发企业。公司受到众多知名品牌、产业协会以及政府相关部门的关注，成功为各行各业提供了优质的二维码技术服务，并被商务部市场秩序司推荐，成为全国诚信企业商品流通溯源公共服务平台的运营单位。

快拍物联初创于 2010 年，是原北京灵动快拍信息技术有限公司与北京世纪云联科技发展有限公司合并而来。长期以来，快拍物联专注于自动识别技术，自主研发出独特的三维码防伪及溯源技术，有效扩展二维码信息承载能力，形成不可复制的具有复合功能的三维码；同时通过拥有自主知识产权的移动客户端"诚品快拍"进行解密识读，为政府、企业及消费者提供商品信息管理和查询服务，在消费者和诚信商品之间搭建更直接、更全面的多功能连接桥梁。

2015 年 12 月，公司挂牌新三板，成为中国物联网营销第一股，主办券商为东北证券。

"去伪存真，溯本求源"，只为诚信企业营销

快拍物联所属行业为物联网行业，物联网作为我国战略性新兴产业的重要组成部分，正在进入深化应用的新阶段。公司运用"互联网+"思维帮助诚信企业利用新媒体进行推广和销售，帮助广大消费者选择放心、优质的产品，为构建和谐、诚信社会贡献一份力量，在此指导思想下，快拍物联在涉足物联网营销的领域深度布局，立体出击，全方位拓展自有核心技术的商业化应用。

目前，公司主要业务涵盖以下领域。

诚品快拍移动 APP

"诚品快拍"是公司旗下拥有自主知识产权的手机扫码软件，可以识别商品条形码（EAN-13）、QR 二维码和全国诚信企业商品流通溯源公共服务平台授权的诚信防伪溯源码，具有识别率高、速度快等特点，用户规模已超过 8 000 万。

诚品快拍目前在各大应用市场提供免费下载，长期稳居生活服务类应用 TOP10，并与小米、华为、中兴、魅族等手机厂商合作，作为旗下手机的预装扫码软件。诚品快拍也是国家商务部全国诚信企业商品流通溯源公共服务平台指定的官方防伪溯源查验软件，服务商品推真打假，协助政府相关部门构建透明诚信的市场秩序。

诚信宝营销平台

诚信宝营销平台是基于诚信码防伪技术，为企业打造的一套集防伪查验、防窜货、溯源查询、互动营销于一体的商品信息管理系统。该平台帮助企业摆脱了传统防伪技术对材料的依赖，为消费者解决了传统刮开发短信、打电话或者上网查询数组等方式的烦琐体验问题，提供了一套高效便捷的防伪查验手段。诚信码已经被特变电工、剑南春酒业、同仁堂、茅台集团、中林诚标、2014 天津网球公开赛等知名品牌应用于旗下产品和服务的防伪识别和商品信息管理。

移动电商

诚品电商

诚品电商是快拍物联依托自身庞大的消费者群体所搭建的企业诚信商品电子商

务平台，平台以"诚信、保真"为核心竞争力，为广大消费者提供放心优质的产品电子商务服务。企业加入"诚信电商体系"后不仅可以为自己产品防伪标签开通二次购买的入口，还可以在诚品电商平台开设自己的官方旗舰店，依靠平台入口的流量及平台的生态环境，销售自己的诚信商品。

林下公社

快拍物联旗下自主移动电商平台林下公社，是依托林业局等政府部门的相关号召与扶持，为推动绿色林下经济，引领林下产业，由快拍物联创立的中国首家专业化林下产品移动电商平台：专注运营林下产品，为广大消费者提供来自大自然、大森林下的安全食品，专注健康生活，只做高品质食品。公司与林业局等政府部门建立了稳定的战略合作伙伴关系，林下公社旨在打造食品中的"贵族"，安全、自然、放心，以引领行业创新为使命，致力于打造最全的林下全产业链结构，把最安全的食品送到消费者手中。林下公社电商平台内设有分销系统，可自主选择代理分销，轻松创业。

移动营销

条形码

快拍物联拥有中国最大的条形码商品信息数据库，超过2 000万的SKU、1.2亿条价格信息，数据内容包含商品名称、规格、图片、介绍和电商及线下超市价格等，是微信扫一扫、百度客户端、360（手机卫士、浏览器、好搜）、新浪微博、UC、搜狗、汉王等国内知名互联网公司，华为、中兴、魅族、小米等手机厂商的商品数据库信息提供商。

商品条形码本身的认知价值以及在信息延展、交互，用户黏度等方面的独特功能，不仅为企业在条形码的利用方面增添更多的附增价值，更多地为企业营销增添新的入口。快拍物联利用自身积累的条码库资源，通过将微信、360、微博等入口进来的扫码用户引流至商品信息页面，为企业与用户之间搭建起亲密接触平台。该模式一扫当下众多品牌通过直通车、线上广告、导购网站等高昂付费引流的固有模式，充分利用企业商品包装这一独特渠道，打通线下和线上，具备更便捷、更安全、成本更低廉、覆盖移动网民更广泛等特性，未来将成为移动营销的重要入口之一。

二维码营销服务

快拍物联移动营销服务平台是以移动互联网为传播渠道、二维码为载体的全媒体营销平台，通过与传统媒体结合，形成全网、跨平台、跨媒体的营销工具。包括企业展示、活动发布、多媒体应用、个性服务等多种功能模块，充分利用二维码的便捷性，满足客户多种营销需求，给移动生活带来全新的便捷体验，为企业扩大品牌影响力、增强用户黏性提供了良好的传播渠道。

核心的专利技术、出色的投资者、优秀的合作伙伴

快拍物联团队由移动互联网、图像识别、数据算法、防伪溯源、自动识别技术、市场营销等领域资深专家和创新力强大的生力军组成。公司的核心技术——三维码技术已经拿到3项国家实用新型专利。

新三板挂牌前定增1 000万，获得投资机构的高度关注和认可，达晨创投、浙商创投、中富投资等国内知名机构先后投资快拍物联，助力公司成长和发展。

达晨创投是目前国内规模最大、投资能力最强、最具影响力的创投机构之一，并被推选为中国投资协会股权与创业投资专业委员会、中国股权投资基金协会等专业协会副会长单位。目前，达晨创投共管理15期基金，管理基金总规模超过150亿元；投资企业超过250家，成功退出56家，其中31家企业IPO，25家企业通过企业并购或回购退出。同时，已有12家企业在新三板挂牌，有21家企业完成IPO预披露等待证监会审核。

快拍物联与国内最大的防伪科技公司北京兆信信息技术股份有限公司在技术和市场领域构建了战略合作伙伴关系。兆信公司是中国反侵权假冒创新战略联盟理事长单位，中国防伪行业协会和中国防伪技术协会的副理事长单位，中国防伪行业两项国家核心标准的第一起草单位，中国第一家将数字化技术成功应用于商品身份管理领域的高科技企业。

同时，公司为我国商务部、公安部、国家林业局等国家相关单位提供技术支持，在政府工程和建设应用领域有丰富的经验。

快拍物联作为一家拥有自主知识产权的三维码技术与服务提供商，已经率先在三维码技术领域确立了高规格的企业标准。未来的诚品快拍将会推动行业标准和国家标准的建立和完善，企业的最终目标是将拥有自主知识产权的三维码技术推向全

球市场，树立国际标准。

挂牌新三板以来，快拍物联积极寻求业务和资本合作，拓展商务空间。经过2015年一系列的布局和举措，2016年将会是收获的一年，快拍物联将实现业务飞速增长，走上快车道，与投资者共赢。

瓦力科技（832638）：
传统制造业基地诞生的互联网创新企业

雨林木风曾经在互联网界家喻户晓，其创立者之一的罗文与创业搭档钟志华曾相识多年，在有了清晰的商业模式和发展目标后的2012年，他们在东莞松山湖科技产业园一起创立了瓦力科技。

经过近四年的发展，现在的瓦力科技是目前国内为数不多的具备开发Linux操作系统发行版能力的互联网企业，拥有超强技术开发能力的技术团队。2015年6月登陆新三板资本市场后，瓦力科技的战略规划也日渐清晰。此前，PC端业务占据了瓦力科技的绝大比例，目前，瓦力科技正在转型，逐步发力移动端。2015年，公司的营业收入为1.17亿元，净利润2 010.26万元。

年轻、自由、执着、专业的技术团队立足PC端开拓移动业务

瓦力公司的团队虽然年轻，却从不忘坚守自己的社会责任，多年来勤耕不辍Linux桌面操作系统研发，并免费提供给用户使用。它们的系统StartOS是基于Linux的开源操作系统，其前身是由雨林木风ylmf os开发组所研发的ylmf os，符合国人的使用习惯，预装常用的精品软件，操作系统具有运行速度快，安全稳定，界面美观，操作简洁明快等特点。起点操作系统StartOS自2009年发布第一个版本以来到现在5.0版本的发布，广受好评。公司团队开发出大量的网站和PC端工具类产品，获得市场的高度认可，占据很大的市场份额。

随着移动互联网的迅猛发展，公司积极开拓移动端业务。2015年开始，瓦力科技逐步推出了几款基于移动端的应用，均获得市场的不俗反响，其中一款瓦力抢红包的应用尤其火爆，这坚定了瓦力科技发力移动互联网的决心。

目前，公司无线端的核心产品有觅见、瓦力抢红包、红包夺宝、瓦力 wifi 等；PC 端的核心产品主要有：国内专业下载网站排名前五名的"下载吧"、最简单实用的导航网站"999 导航"。

这些多样的产品一方面丰富了公司产品线，增加了用户规模，提升了用户满意度；另一方面，扩展了互联网产品的渠道，为公司实现成为互联网产品最大渠道商的业务战略提供平台。公司的研发团队一直致力信息数据库、操作系统、手机应用管理、安卓应用推送管理等软件的开发和升级，这些技术的积累和应用也使得公司取得了行业内的竞争优势。

公司则通过这些网站和 PC 端产品来汇聚流量。获得流量以后，通过智能化监测系统和精准的数据分析，收集用户信息，做行为筛选（判断年龄层、职业、生活习惯、爱好等），做智能化推送和技术导流，将流量导到相关联的电商、游戏、广告商等有需求的商户那里，然后和商家按消费或流量分成，完成流量变现的过程。同时，筛选出变现能力强的流量，后续会加大该部分流量入口产品的研发，成为 PC 端和移动端主要的入口工具，提高这类流量的增长率。在提升客户价值的同时扩大公司的市场份额，提升公司的利润空间。

登陆新三板，成为城市"大众创业、万众创新"转型名片

互联网企业初期需要大量投入资金进行技术的研发，登陆新三板能快速满足企业的融资需求。而传统的主板市场，对企业的盈利能力、偿债能力等指标有严格的审核，这些条件对成长期的互联网企业并没有优势。新三板的门槛较低，很多互联网企业响应政府"大众创业、万众创新"的号召，逐渐登陆新三板，这是现实的选择。

东莞是世界闻名的制造业城市，正面临转型升级的阶段，瓦力科技登陆新三板意味着东莞并非只是简单的代加工产业。在东莞产业转型升级中，创新创业将会成为重要的标志。目前，互联网企业是创新创业型的团队，公司挂牌新三板也是响应政府"大众创业、万众创新"的理念。此外，互联网企业之间的竞争已经进入白炽化的阶段，企业发展要谋求自己的核心优势，企业挂牌新三板可以提高企业的公信力和融资能力。

瓦力科技在顺利完成在全国股份转让系统挂牌之后积极融资，2015 年定增 2 次，共融资 4262 万元，主办券商是长江证券，做市商是长江证券、招商证券和中

信证券。这两次定增令公司的资金实力得到增强，信用水平显著提升。资金实力的充实使公司加大了对产品研发和人力资源的投入。预计 2016 年经营情况良好，全年主营业务收入预计能达 1.5 亿元，较上年增长 30%。净利润预计达到 3 000 万元，较上年增长 50%。

深度挖掘客户资源，加强区域合作，完成产品战略转变

2015 年以来，瓦力科技首先通过加强 PC 端自有产品用户资源挖掘以及与第三方网站和伙伴方的合作，加大市场份额来获取利润增长空间；其次，公司通过继续深度开发联盟平台，通过客户端大数据来挖掘用户、深度研究和了解分析用户，提升到达率和用户回访率，从而提高单用户的变现能力；最后，公司通过对手机、智能终端设备等移动端入口的布局，实现新增长点。瓦力科技收入来源主要是提供互联网信息服务包括搜索引擎分流服务、互联网推广与营销服务和软件推广服务等获取报酬。搜索引擎分流服务主要是与客户确认推广效果结算收入；互联网推广与营销服务按照导航链接刊期确认收入或按与客户确认推广效果结算收入；软件推广服务按与客户确认的当期软件有效安装量确认收入。

瓦力科技坚持以技术为核心、市场需求为导向，继续不断开发新软件产品和开发完善联盟平台，加速开发移动端产品，进一步提高用户体验、加深用户黏度，进一步增加了公司产品和服务的竞争力，提高用户体验，从而扩大公司的市场份额和业务规模。2015 年报告期内研发费用比 2014 年增加了 5 792 414.75 元，同比增长 179.89%。研发费用和人员的增加加快了新产品的开发速度和既有产品的更新周期，这些使公司核心产品体系逐步走向成熟，在行业中的地位大幅提高，客户满意度有了很大的提升。

2016 年瓦力科技的主要有以下计划。

1. 产品计划。瓦力科技将继续依托自身的技术优势，不断创新，加强各类产品的研发，重点布局在 APP、智能硬件和互联网加技术服务的产品上，并且在公司所有产品中间形成一个互联共通的小生态圈，打造内部循环体系。公司将继续深化完善广告联盟平台的功能，计划利用自有资金或者定向发行股份，自主开发或通过并购重组等方式，实现联盟平台的程序化流量分析能力，实现对流量的多角度细分属性分析，提高流量的转化率。公司将利用自有资金，继续加大在移动端的产品开发，完善移动端的核心产品体系，加快从入口导航到内容导航的产品战略转

变,加大客户群体的黏度。

2. 营销计划。公司将进一步利用自有资金建立营销团队,逐步加强营销团队变现能力;同时加快和相关行业客户的对接,初步实现公司客户结构的多元化改善。

3. 人员计划。增加核心技术开发团队人员规模,特别是移动端开发技术人才,完善各个产品的架构性布局,并开始逐步加强营销运营团队的建立。

未来公司将继续开拓,加强区域合作,服务全市制造业和电商企业,并紧跟移动互联网发展趋势,基于用户需求和体验不断升级优化现有产品,推出更多新型、实用、有趣的科技产品。继续改善公司成本结构,提高网络流量,增强公司与客户之间的议价空间,吸引更多上游供应商合作。

同时,瓦力科技将结合自身技术优势和产品定位拓展到更加多元的科研领域,在物联网、无线应用等领域作出更多尝试和努力,进一步推动东莞互联网产业的科技进步与蓬勃发展。

乔佩斯(835965):
风雨三十年初心不改,服装企业拥抱新三板

乔佩斯是一家伴随改革开放一起成长的企业。1987年,几个充满激情和理想的年轻人决定在服装行业有所作为,他们凭借印染、印花的专业基础,从最初简单的生产,成功转型为贴牌生产国际品牌成衣,三十年来取得了一定的成绩,在行业内站稳了脚跟。凭着对国际品牌多年加工、品质控制经验及应变能力,公司逐步成立了专业市场部和有经验的设计团队,以迎合企业从加工型转向服务型的需要。

2015年年报显示营业收入为1.66亿元,公司已成功融入国际国内知名时尚品牌的研发、设计、策划、组织、生产、采购,发展成为一家在国际各大品牌推动、扶持下,有先进技术和科学管理系统的企业。

把高品质练就成一种习惯,高端品牌客户保有十年以上

Ralph Lauren(POLO)、伊藤忠(ITOCHU)、BURBERRY、Calvin Klein、DKNY、MATINIQUE、NINE WEST、SALLYSCOTT、SONIA、ARR、KATE HILL、PRESWICK&MOORE、JONES、NY、DKNY、MORIRIN、MUNSINGWEAR 等令

国内外的时尚潮人拥趸、耳熟能详的高端品牌，纷纷选择乔佩斯作为自己的代工生产商。一方面，除了由于乔佩斯的设计能力、技术人才、质量控制及产品质量方面明显优于同行其他企业外；另一方面，与乔佩斯自成立以来三十年的辛勤耕耘培育出的丰富市场经验、与客户间的高度信任、内部多年的团结协作是分不开的。

对高端成衣制造不了解的人也许不知道：高端时装，因其款式丰富、时效性明显、拼接花纹运用较多，故其制作不同于普通服装制造，难以用流水线规模化生产的模式。因此，高端成衣生产的关键资源要素为生产工艺，包括经验丰富的打版、选料部门，缝纫技术较高的产业工人队伍。这正是乔佩斯最具竞争优势的地方。

乔佩斯市场部每周都会提供设计稿件供客户选择，然后根据客户的决定下单组织生产。制版技师的工作经验均为15年以上，其制版、打样能力每月在2000件左右。市场部时常保持多位年轻的设计师现场设计新品，同时公司也招聘了多位兼职设计师，每周提供至少30副及以上的设计稿，由总经理、业务总监、负责板房的主管以及市场部主管组成的四个小组选稿，每次选送10份给品牌客户公司。目前公司30岁以下员工人数占比仅8%，且90%的技术工人在公司服务时间超过10年。

在选料上，公司收集美国、欧洲、日本等国家最新的面料品种，从中挑选出符合客户要求的面料，结合面料的纱织密度、成分、颜色等特点及其组合，形成最优的面料设计方案。

在质量上，乔佩斯严格按国际质量体系标准的要求进行生产和产品质量控制，生产过程中实行检测控制，即原材料、染化料进厂时进口检测、生产过程中的岗位员工自检、工序间的互检、各工序班组长检验员的巡检、质量保证部专职检验员的专检，层层把关。公司严格按客户的要求组织生产，不合格的原材料不投入生产、不合格的半成品不流入下道工序、不合格的产品不出厂。在这种近乎苛刻的标准下，公司产品质量非常稳定，同时公司依法经营，守法履约，多年以来不存在因产品的质量而引起的重大诉讼，仲裁或行政处罚的情形，受到客户的一致好评。

放眼未来，稳健融资，披荆斩棘向 ODM 的目标进发

我国是全球最大的服装生产国，服装业是中国各行业中市场化最早、国际竞争力最强、发展最为蓬勃、最受关注的行业之一。目前，我国服装业正在进行着新一轮的产业升级。产业升级的主题是通过产业资源的优化配置提高中国服装行业的国际竞争力。行业倡导以"质量、创新、快速反应"为核心的新型工业化道路和品牌

发展战略，致力于培育具有国际竞争力的服装品牌，围绕品牌提升带动行业提升，并着力培育国际服装集团。全行业正以创新为主导，大力提高原始创新能力和吸收再创新能力，加快科技进步，调整产业结构、产品结构，积极转变增长模式，促进产业升级。多年来我国服装出口企业的设计能力不断发展壮大，越来越多的出口企业由原始设备制造商（Original Equipment Manufacturer, OEM）逐步向自主设计制造商（Original Design Manufacturer, ODM）转型。

OEM 是制造厂商接受品牌厂商的委托，依据品牌商提供的产品样式生产制造产品，并销售给品牌商的业务模式。ODM 是指制造厂商增加了设计环节，即接受品牌厂商的委托，按其技术要求承担部分设计任务，生产制造产品并销售给品牌商的业务模式。

从 OEM 到 ODM 改变了我国服装行业的竞争力构成，设计能力或者参与设计能力逐渐成为竞争的焦点。并随着 ODM 的蓬勃发展，使得我国一部分服装企业初步具备了由 OEM/ODM 向代工厂经营自有品牌（OBM）转变的实力。因此，拥有自主品牌、能够自主设计的企业将率先转变成为 OBM 型企业并在市场竞争中取得优势。乔佩斯目前正积极由 OEM 向 ODM 进而向 OBM 转型，不固守单纯的成衣加工形式，也不相信单靠吃苦耐劳、加班加点就能创造出一个高成效企业。企业要发展，首先要自我改造，自我蜕变，不断进取，提升是必不可缺少的。

乔佩斯强调战略投资理念，希望借助新三板这个扶持民企的融资资本平台，把企业做强、做大。公司于 2016 年 1 月 29 日登陆新三板，主办券商是东北证券。乔佩斯整体规划 2~3 年的时间内再由 ODM 转型 OBM 经营模式，通过网购和线上的销售，自创品牌，成为时装产业服务于市场的专业供货链。同时企业也会利用现有 80 亩自有土地寻找专业合作团队，开启智能化机器的研究生产基地。

乔佩斯将在未来发展中以绿色生态环境为起点，多创新、多方位、多元素、多功能为消费者、市场以及为社会服务，充分体现企业在市场中的存在价值。乔佩斯从最初的解决大量劳动力就业问题，到现在环保面料的研发、旧衣服回收再利用的理念，无不体现出企业自身的创新和升级。这种的使命和责任决定了乔佩斯不会满足现状，必定会在秉承一贯的积极承担社会责任的强大感召下，不断前行。

汇元科技（832028）："支付第一股"生态圈的布局

2015年2月12日，汇元科技挂牌新三板，成为两市及三板的第三方支付行业第一股，也是国内首家上市纯第三方支付机构。作为中国支付第一股，汇元科技以"汇支付、慧金融、惠生活"的战略为主线，利用自身成熟的支付体系，围绕移动营销、征信、大数据、移动安全、互联网金融等相关业务布局，意在打造互联网金融产业链生态，成为中国最优秀的综合营销支付服务商、顶级支付服务定制商、互联网金融资金融通信息服务商。为互联网数字娱乐行业参与方、互联网金融行业参与方提供一站式、全方位、高效的平台服务及支付解决方案。

汇元科技总裁吴洪彬在谈到公司未来战略发展时称："一家公司的成长和发展首先必须有高水平的高管团队，有着清晰的定位和能否围绕主营业务进行边界扩张。汇元科技也是同样的考虑，我们的目标是要从第三方支付走向互联网金融，打造以支付为核心的互联网金融生态圈，实现'慧金融'的战略目标。"

根据汇元科技2015年年报显示，公司在报告期内实现营业收入为1.57亿元；归属于母公司股东的净利润为7 810.71万元。预计2016年度汇元科技的收入和净利润会有更大的增长。

支付业务交出漂亮成绩单，同时持续进行核心技术创新

据人民银行发布的《2015年支付体系运行总体情况》数据显示，2015年，支付系统共处理支付业务金额4 383.16万亿元，同比增长29.34%。2015年支付系统共处理支付业务金额是全国GDP总量的64.77倍，非银行支付机构累计发生网络支付业务金额49.48万亿元，同比增长100.16%。支付业务市场需求巨大，具有非常广阔的发展空间。

汇元科技在全方位支付解决方案上，从成立至今一直是处于领跑者梯队。持续利润增长点预付卡产品——骏卡一卡通产品在细分游戏市场的覆盖率高达90%以上，公司与腾讯游戏、完美世界、巨人网络、盛大网络、搜狐畅游、网易游戏、360、小米等上百家知名游戏运营商近万款游戏产品形成了良好稳定的合作关系。骏卡作为国内发行量最高、最具市场影响力和市场竞争力的预付费卡，保持了领先的市场份额和业务收入。

公司稳中求变保持领先地位，起步于2013年的汇付宝第三方支付平台，通过面向垂直行业和特定商户提供定制化支付解决方案，进而形成竞争优势的基础上，自2015年着力打造"宽支付"产品新模式。在产品创新、商户拓展、交易金额、服务费收入等方面均取得了可喜成绩，逐步成为公司重要的收入来源和利润增长点。公司通过完成与国内主要的国有银行、全国性商业银行、城商行支付通道建设、备付金银行合作，完善了互联网支付业务通道基础性建设，提升了支付系统的稳定性、便捷性。据公司年报透露，2016年汇元科技将围绕定制支付、宽支付、聚合支付解决方案，大力创新产品和增值服务，拓展市场边界。

在科技创新方面公司持续提升核心技术能力，着力打造金融级数据处理、云计算交易处理、网络安全、移动应用等核心技术竞争力，并不断加大对前瞻性技术的人才引进和研究投入，实现公司具有自主知识产权的软件著作权专利增加至50项。自主知识产权及核心技术在业务中的应用，确保了公司各业务体系能够安全、稳定、高效地运转，方便了商家和用户的使用，提升了公司的市场竞争力和盈利能力。

"支付第一股"依托新三板融资平台玩转资本运作，备受投资人青睐

2016年1月18日，汇元科技发布公告显示，已完成面向国信证券、中泰证券、天风证券、华鑫证券、东方证券、中信证券6家机构做市商、4家机构与公司员工股东发行700万股，完成募集4.2亿元到位，募集资金将用于公司主营业务扩张、基础建设投入及布局互联网金融等。

资本运作已经成为汇元科技实现宏伟战略一大引擎。自挂牌以来，公司利用"中国支付第一股"先发优势，面向做市商、合格的机构及个人投资者定向增发，顺利募集资金4.2亿元，这代表投资人对公司主营业务、盈利能力、公司治理、规范管理以及未来发展的高度认可，同时也为公司开辟了"融资—融智—融资源"的快速发展新模式，即从商业模式、业务资质、团队组建、资源整合、投资并购等多维度推动互联网金融布局业务的逐一落地发展。

通过对主业相关的标的公司以及互联网金融范畴的标的公司的投资，并购标的与汇元科技既有资源的产生优势互补的联动效应，进而实现新业务高起点、快切入，迅速形成规模收益。

在定增后到截稿时止,汇元科技进行了以下五次并购投资。

1. 2016年1月,公司向宁波梅山保税港区函数珠联璧合投资合伙企业(有限合伙)认缴出资人民币3 850万元,持有其77%的份额。
2. 2016年1月,公司向杭州锦成盛资产管理有限公司认缴出资额3 000万元,持有其27.27%的股权。
3. 2016年2月,公司向北京融汇天天投资中心(有限合伙)认缴出资额2 000万元,持有其62.45%份额。
4. 2016年3月,公司投资5 000万元成立深圳市前海汇元金服商业保理有限公司。
5. 2016年4月,公司拟投资8 000万元成立天津汇元金陵小额贷款有限公司。

伴随2016年公司在互联网金融领域可以预期的成果,业绩会大幅增长,相信汇元科技的资本运作战略不会止步于此,在未来还会有更多精彩的表现。

在互联网金融产业链布局逐步完善,"近水楼台"可望风生水起

"汇元科技以'汇支付、慧金融、惠生活'的战略进行布局,以支付业务为核心和基点,立足主业,通过内生外延,全面布局以支付为核心的慧金融生态圈。"吴洪彬称。

汇元科技的互联网支付业务"汇付宝"品牌在互联网金融行业内具有较强品牌效应。互联网金融业务对于一个有着丰富客户资源和大数据积累的第三方支付业务公司来说,本身就是"近水楼台"。从支付业务向上下游价值链延伸,比起其他行业公司转型互联网金融,具备了不可比拟的先天优势。为了把支付与财务管理、金融服务、营销管理等各类应用场景进行叠加,汇元科技提供"互联网+"服务模式,贯穿产业链上下游,将供应链管理、平台交易、支付服务有机融合。

汇元科技在2015年专门成立了互联网金融事业部,负责筹备慧金融平台项目规划及研发,并推进各类许可及备案资质的申请。据吴洪彬透露,慧金融平台后端对接各个金融机构,前端直接对接各个互联网金融平台,让更多互联网金融平台快速开辟一个在线金融超市,满足各种投资理财者。

目前汇付宝主产品分三大块:(1)收款产品:网银支付、快捷支付、骏卡支付、话费卡支付、宽支付、认证收款、委托收款、担保分润、APP支付、H5网页支付;(2)付款产品:批量付款、退款;(3)其他产品:资金存管、实名认证。

其中，资金存管服务是汇付宝专为互联网金融行业量身打造的资金账户管理平台，既能满足互联网投融资平台与客户资金和信息流分离，又能为平台投融资业务实现收款、付款、账户资金划转、账户余额理财等功能；汇付宝资金账户存管系统保障客户账户资金在未经授权情况下，平台无权动用，从而保障客户资金安全，提升平台认可度。

目前，汇付宝的资金存管主要分以下两种服务模式。

1.通用账户存管模式。客户拥有独立的汇付宝个人账户，可以实现一个账户多平台投资/消费，充值免费，账户间转账收费模式（如图9—1所示）。

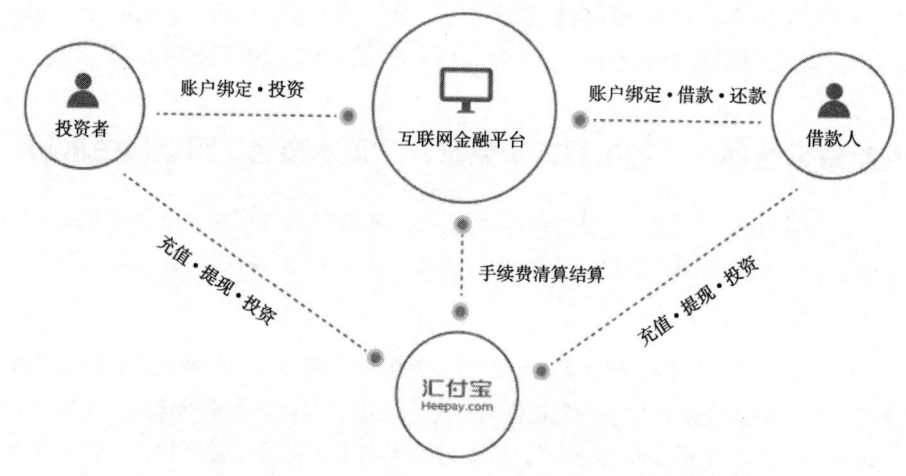

图9—1　汇付宝的通用账户存管模式

2.专属账户存管模式。投融资平台的专属存管账户，该账户仅可投资/消费其平台的产品或者服务，充值收费，账户间转账免费的模式（如图9—2所示）。

互联网金融生态圈是一个系统工程，汇元科技自身的产业链生态逐渐完备，即将上线的"慧金融"互联网金融信息服务平台，正是借助汇元科技成熟的支付体系，提供互联网小贷、互联网基金、新三板网贷、互联网保险等金融产品B2B2C平台，打造以支付为核心的互联网金融生态圈，实现"慧金融"的战略目标。

此外，在大数据征信业务领域，汇元科技也可大有一番作为。第三方支付属于互联网金融的基础业务，大量客户的交易数据将为大数据征信提供天然的原料。汇元科技以 3 亿游戏行业第三方支付数据为基础，整合基金销售、基金支付、保险、互联网金融平台等数据，将为大数据征信提供良好的支撑。

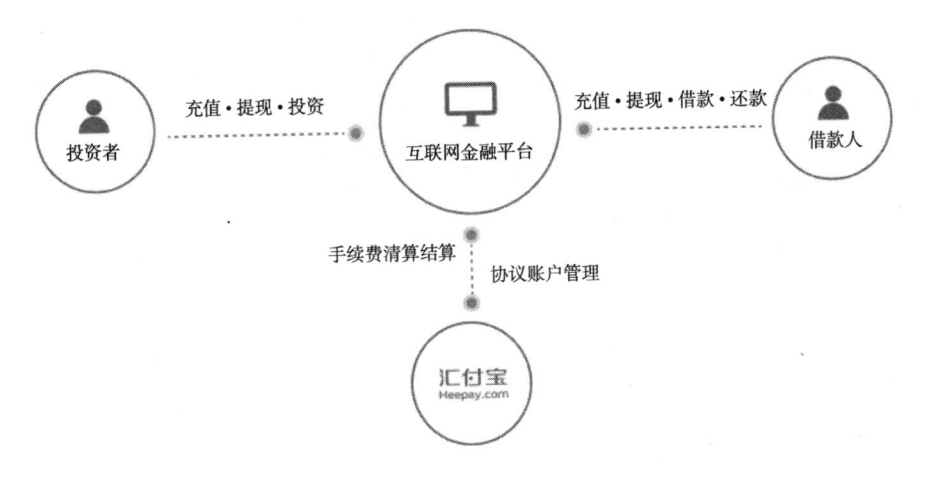

图 9—2 汇付宝的专属账户存管模式

金刚游戏（430092）：
深度布局令利润暴涨，多 IP 促进影游繁荣

2016 年 5 月 6 日，新三板单日成交金额第一的是金刚游戏，总金额过亿元。交易是金刚游戏的三位股东向董事长兼总经理李柳军转让公司股份 740 万股。换句话说，公司最大的股东增持自家股份，增持完毕后，李柳军持股比例占到 27.11%，这说明公司最大的股东、董事长兼 CEO 李柳军对金刚游戏的未来发展十分自信。

公司 2015 年的财务数据也很好的支持了这个判断，去年金刚游戏营业收入 7 125.26 万元，同比增长 400.38%，归属母公司股东的净利润为 2 969.3 万元，同比增长 1 072.59%。这得益于 2015 年公司有多款精心研发的游戏产品正式上线运营，同时公司也组建了自己的发行、运营团队，完善自身在产业链的全方位布局，这是公司飞速发展的一年。

加速储备知名 IP 授权，依托核心引擎技术力推特色精品

据 2015 年中国游戏产业报告的数据显示，2015 年中国游戏用户达到 5.34 亿人，同比增长 3.3%。2015 年，中国游戏（包括客户端游戏、网页游戏、社交游戏、移动游戏、单机游戏、电视游戏等）市场实际销售收入达到 1 407 亿元人民币，同比增长 22.9%。其中，网页游戏市场实际销售收入达到 219.6 亿元人民币，同比增长 8.3%；中国移动游戏市场实际销售收入 514.6 亿元人民币，同比增长 87.2%。根据艾瑞咨询分析认为，两年内中国将成为全球第一大手游市场，同时，移动游戏将保持 30% 左右的年复合增长率。

在火热的大环境下，金刚游戏在 2015 年推出了多款精品游戏相继上线。除了 2014 年已上线产品《剑踪》的持续发力外，2015 年新上线的产品包括登陆腾讯游戏大厅的 3D 网页游戏《剑曲》，顺网定制产品《九鼎记 OL》，以及根据著名玄幻小说作家"烟雨江南"的超人气小说创作的 3D 手游《罪恶之城》；报告期内公司还代理了两款 2D 网页游戏，分别是《心魔 OL》和《西游捉妖记》，并且立项了 4 款精品，将在 2016 年内陆续上线。

拥有国内领先的自主知识产权引擎技术是金刚游戏的核心技术竞争力。凭借优秀的技术实力和良好的口碑效应，汇元科技取得了多个优质的 IP 独家授权，其中包括《叶问 3》电影的游戏改编权，同名的手游产品于 2016 年与电影同期上线，汇元科技将打造《叶问 3》系列产品，弘扬中国武术精神；笔名为"流浪的蛤蟆"创作的网络文学作品《蜀山》的游戏改编权，作为知名网络小说作者，读者积累数量众多，改编游戏后相信会拥有大量的用户基础；同时，还储备了其他多个热门 IP 资源，包括著名电影《功夫熊猫 3》、动漫 IP《我叫 MT》等，相关的游戏均在开发中，2016 年将陆续投放市场。

挂牌后定增融资近 2 亿元，布局热点资源，促进影游共同繁荣

汇元科技自挂牌后分别于 2014 年和 2015 年完成了 4 次定向增发，先后募集资金 1000 万元、500 万元、700 万元和 1.5 亿元，共计 1.73 亿元。公司利用在新三板挂牌后定增融资的资本优势，对外投资了游墨网络，以他们强项的塔防类产品充实自身的产品线；投资竞技时代，布局目前热门的 VR 领域。

为了引入更多的战略合作伙伴，同时为发展提供充足的流动资金，汇元科技不仅新旧游戏产品共同实现盈利，而且从单一的技术研发公司，逐渐转化为研发、发

行和运营为一体的综合游戏公司。公司未来将继续走产品精品化路线——提高产品品质，整合 IP 资源，加强渠道合作，使公司的核心竞争力得到更大的提升。目前，汇元科技 2016 年的产品计划有二十多款，"精品游戏 + 优质渠道 + 热门 IP"的模式保障了公司未来业绩的持续增长，保证了企业的持续经营能力。

金刚游戏不断出力带动影游共同繁荣。作为《叶问 3》电影官方授权合作同名手游发行方，2016 年 3 月 4 日，功夫大电影《叶问 3》首映礼在北京盘古七星酒店举行，金刚游戏董事长兼 CEO 李柳军受邀亲临。《叶问》系列电影积攒下了超高的人气，电影前两部在票房上均有上佳表现，在《叶问 3》官方授权手游中，这些人物也将一一出现。"叶问"在手游改编性上具有得天独厚的优势，影片真拳实腿的武打和强调战斗的动作手游相结合。作为首款融入武术题材的动作手游，《叶问 3》呈现原汁原味的咏春拳法以及各路武术招式，给玩家带来和观影体验完全一样的游戏效果，在手机上再现一场场武林酣战。

公司优势明显，战略积极进取，保证给投资者带来惊喜

目前汇元科技处于快速成长时期，依托"新三板"这个优质的平台，发挥自身的优势，抓住市场机遇，抢占游戏行业市场份额，保证公司的可持续发展。

竞争优势

汇元科技的竞争优势主要表现在以下几个方面。

1. 产品研发优势。汇元科技拥有自主知识产权的游戏引擎，在保证游戏品质的同时，不论是产品研发周期还是人员成本都占有绝对优势；依靠团队多年的研发经验，深度挖掘用户的消费能力，拉高产品生命周期，有效保证业绩持续增长。
2. IP 资源优势。汇元科技基于对行业的深入洞察，布局储备 IP 资源，包括影视、游戏、网络小说等多方面的 IP 资源，为游戏产品上线的推广提供了庞大的用户基础。
3. 资源整合优势。汇元科技的股东实力雄厚，可以提供丰富的客户资源及发行渠道，着眼大处，布局全产业链，利用研发环节的技术优势、产品优势和行业资本优势，向产业链上游整合 IP 资源，并向下游的发行环节延伸，最终利用资本优势同主流渠道全面合作。
4. 资本结构优势。汇元科技不断在优化资本结构，通过吸引战略投资机构，实现与

游戏行业的 IP、发行和渠道的优势企业的利益绑定，布局未来的快速发展。机构投资人中大部分都具有重要的战略意义，其在 IP 内容和渠道上的优势，将极大加速公司未来的发展速度，积极与资本市场接轨，让更多投资机构认可公司，增加定向增发的可能性。

经营目标

2016 年汇元科技的经营计划目标如下。

1. 产品计划。汇元科技将充分利用自身的技术和团队优势，在产品方面精雕细琢，保证每款产品的品质；同时，通过团队的开发和运营经验，挑选高品质的代理产品，丰富自身的产品线，扩大游戏市场的占有率。

2. 发行和运营计划。2016 年汇元科技计划推出 20 款左右的游戏产品，其中包括公司自研产品和代理产品。利用紧密的渠道合作伙伴的力量，使产品的价值最大化。

3. IP 储备计划。利用自身的资本优势，抢占优质 IP 资源，配合精品的游戏产品，把利益最大化，2016 年公司将储备的 IP 包括 CCTV 的纪录性节目《舌尖上的中国》、网络小说《我欲封天》等。

4. 资本计划。在保证公司财务稳健的前提下，在适当的时间通过融资方式增加流动资金，优化资本结构，吸纳更多优秀团队，促进公司业务的持续健康发展。

公司依靠富有创造力和战斗力的团队，将灵活运用投融资工具，整合产业相关资源、优化公司治理结构，用极具吸引力和吸金能力的 IP 储备包装产品为市场宣传做铺垫，整合从 IP、研发、发行到上线运营的全产业链布局，以此保证未来业绩飞速发展。

后记

新三板作为我国金融市场改革试点的新形态，同时作为服务创新型和成长型中小微企业的融资市场，在经历了过去两年的洗礼之后，人们有信心认为，新三板必将成为金融市场当仁不让的新焦点。

目前，新三板已被纳入顶层设计，上升为国家战略的一部分。同时，分层政策、大宗交易政策、35人限制开放政策、优先股流通政策、转板政策以及公募基金入市六大政策的逐步推开都将给新三板注入源源活水，助力其走得更稳更好。

在中国资本市场空前蓬勃发展的大环境下，激荡新三板俱乐部连接企业、市场和投资者，专注于新三板产业链互动，以推动新三板市场规范化和便利化为宗旨，致力于打造新三板领域最受信赖的第三方平台。

正是出于这种天然被赋予的使命，激荡新三板俱乐部适时推出本书，以求为大众投资者提供一本容易入门的关于新三板的读物。

依托丰富的行业资源，俱乐部先后举办了多场围绕新三板热门主题的大中型活动、论坛和路演沙龙，同时通过线上交流及新媒体渠道的传播，目前已经在新三板领域竖立起了自己的特色和品牌。并且由激荡新三板俱乐部成员发起并管理一家专注于新三板"互联网+"的专业投资机构——祥云投资。

祥云投资成立于2015年5月17日，专注于中国市场，以"为客户创造最大化价值"为核心理念，重点投资于TMT等成长型新兴领域，通过引进市场化治理机制和输出先进管理经验，推动一批中小民营企业成长为行业领先企业。除注入资金外，祥云投资组建了内部咨询团队，为被投企业提供全方位的增值服务，力图实质性协助企业提高经营管理水平、建立行业领先地位，并在帮助企业成长过程中获得投资回报。

祥云投资的管理团队有着深厚的专业背景和丰富的实操经验,在相关领域也拥有充足的资源。严苛独到的眼光和运筹帷幄的战略,让祥云投资成为新三板股权投资领域的一颗新星。秉承服务成员的宗旨,俱乐部通过平台信息发布和线下活动组织等形式,让成员充分享受到从新三板行业资讯到资本市场实战经验、从企业挂板辅导到项目投融资对接、从媒体传播到市值管理等服务带来的实质性便利。目前激荡新三板俱乐部线上成员已经发展将近10 000名,涵盖国内主流投资机构、券商、知名挂牌(拟挂牌)公司、咨询机构、知名律所、知名会计师事务所和国内主要财经媒体,等等。

希望本书能够为激荡新三板俱乐部和祥云投资的各方合作伙伴以及广大投资者带来价值,这也是我们筹备写作本书的最大目标。